Ingrid Sönnert

Niki, Lisa und das schwarze Loch

agenda

Ingrid Sönnert

Niki, Lisa und das schwarze Loch

agenda Verlag
Münster
2022

Bibliografische Information der Deutschen Nationalbibliothek
Die Deutsche Nationalbibliothek verzeichnet diese Publikation in der Deutschen Nationalbibliografie; detaillierte bibliografische Daten sind im Internet über http://dnb.dnb.de abrufbar.

Drubbel 4, D-48143 Münster
Tel. +49-(0)251-799610
info@agenda-verlag.de, www.agenda-verlag.de

Coverbild: Buntbart / photocase.de

Druck und Bindung: TOTEM, Inowroclaw, Polen

ISBN 978-3-89688-754-2

Inhalt

Das nennt sich Ferien!

Das Auto rumpelte über das Kopfsteinpflaster der engen Gasse auf ein langgestrecktes Gebäude zu. Ein breiter Wassergraben lag davor, über den eine hölzerne Brücke in einen großen Tordurchgang führte.

„Pass auf!", schrie Niki.

Mama trat mit aller Kraft auf die Bremse. Das Auto kam jäh zum Stehen. Über die Brücke schoss ein Fahrrad, auf dem ein etwa neunjähriges Mädchen saß. Sie hatte eine rote Baseballkappe tief in die Stirn gezogen und hielt das Lenkrad mit beiden Händen fest umklammert.

„Weg, weg", schrie sie, als das Fahrrad nur wenige Zentimeter vor dem Auto rechts abbog und verschwand.

„Das war knapp. Alles klar?"

Als Mama sich zu ihm umdrehte, musste Niki ein wenig grinsen, bevor er nickte. Mama war so rot im Gesicht vor Aufregung. Sie bogen vor der Brücke nach links ab. Nach einigen Metern hielten sie an einem Haus aus roten Backsteinen an, das in einer Reihe gleicher Häuser stand.

„So, da wären wir."

Wenig begeistert betrachtete Niki durch das Autofenster die Umgebung. Wochenlang hatte er mit seinen Freunden Malte und Lars Pläne geschmiedet. Wie hatte er sich gefreut, als auch die Eltern seiner Freunde in den Sommerferien in ein Ferienhaus an die Nordsee fahren wollten. In den gleichen Ort, sie würden sich jeden Tag sehen! Und nun das! Weil seine Eltern unerwartet mit ihrem Architekturbüro an einem Wettbewerb teilnehmen wollten und arbeiten mussten, konnte er die Ferien nicht mit seinen Freunden verbringen. Hätten sie das nicht verschieben können? Warum hatten es die Eltern von Lars und Malte abgelehnt, ihn mitzunehmen? Sie hatten etwas von Verantwortung, die sie nicht übernehmen wollten, gemurmelt. Das hatten weder er noch Lars und Malte verstanden. Nikis Eltern hatten auch nicht geholfen, sie zu überreden. Ach, warum war er nicht größer, dann könnte er einfach zu Hause bleiben? Er verbrachte gerne einige Tage bei seinen Großeltern, aber drei ganze Wochen! Die Haustür wurde geöffnet und seine Großeltern kamen über einen schmalen Weg auf das Auto zugeeilt.

Oma lachte, als sie Nikis mürrischen Gesichtsausdruck sah.

„Na, nun steigt erst einmal aus und kommt herein."

Opa öffnete die Autotür. Er zog Niki zu sich heran, nahm ihn in den Arm und strich ihm die blonden Haare aus der Stirn. „Niki, wir freuen uns, dass du die nächsten Wochen hier verbringst. Warte mal ab, das wird bestimmt schöner, als du es dir vorstellst."

Vor sich hin brummend, befreite sich Niki aus dem Arm des Großvaters. Der drehte sich zu seiner Tochter und Nikis Mama Monika um. Sie war in der Zwischenzeit ausgestiegen.

„Beinah wäre mir ein Mädchen mit einem Fahrrad ins Auto gefahren! Ich bin froh, dass nichts passiert ist", schimpfte sie.

„Schön, dass ihr da seid. Es ist doch alles gut gegangen. Kommt erst mal rein und schaut, was Oma Leckeres gebacken hat", beruhigte sie Opa.

Schlecht gelaunt trottete Niki neben seinem Opa her.

Opa beobachtete Niki und schob ihn durch die Haustür. „Na komm, so schlimm ist es bei uns nicht, das verspreche ich dir."

Niki wusste, dass Opa ihn trösten wollte, aber er war viel zu enttäuscht und wütend auf seine Eltern und nicht bereit, seinen Kummer und den Ärger über die verpasste Ferienfahrt zu vergessen.

Auf der Terrasse hatte Oma den Tisch gedeckt.

„Schau, Niki", rief seine Mutter, „Erdbeerkuchen und Sahne! Nun mach nicht so ein Gesicht, das magst du doch."

Sie seufzte, während sie sich auf einen Stuhl in den Schatten setzte: „Niki, nun mache es mir doch nicht so schwer. Wir haben ausführlich darüber gesprochen, warum wir nicht an die Nordsee fahren können. Bei Oma und Opa bist du gut aufgehoben. Hier kannst du prima spielen. Du findest bestimmt schnell Kinder, die auch Ferien haben."

Niki stöhnte. Kinder, mit denen er spielen sollte! Er hatte seine Freunde, mit denen wollte er etwas unternehmen. Gut aufgehoben. Pah! Immerhin war er schon zehn Jahre und seine Mutter behandelte ihn wie ein kleines Kind. Er wollte verflixt nochmal mit seinen Freuden an die Nordsee und sich nicht bei seinen Großeltern langweilen. Eigentlich war er gerne bei den Großeltern, aber jetzt nicht.

Oma schob Niki einen Teller mit einem großen Stück Kuchen mit Sahne zu. „Lass mal, Monika. Jetzt trinkst du eine Tasse Kaffee, der Opa holt Nikis Sachen aus dem Auto und bringt sie in sein Zimmer. Anschließend können sie nach einem Platz für das Fahrrad im Schuppen sehen."

Niki stöhnte wieder. Er wollte mit seinen Freunden in die Ferien fahren und keinen Kuchen essen. Na ja, Omas Kuchen war nicht zu verachten. Als sie ihm ein weiteres Stück anbot, lehnte er nicht ab, sondern verzierte es mit einem großen Klacks Sahne. Er hörte Opa seinen Koffer und die Tasche im Flur abstellen. Schnell stand er auf und lief zu ihm.

„Nimm mal die Tasche, Niki. Ich trage deinen Koffer, der ist schwer. Hast du Steine eingepackt?" Opa wuchtete den Koffer die Treppe hoch und öffnete eine Zimmertür auf der rechten Seite des kleinen Flurs. „Schau, Niki, wir dachten, du schläfst im ehemaligen Zimmer deiner Mutter."

Niki betrat das Zimmer und schaute sich um. Ein Bett, ein Tisch mit Stuhl, ein kleiner Sessel und ein Kleiderschrank machten das kleine Zimmer gemütlich. Durch ein geöffnetes Fenster an der Giebelseite des Hauses, dessen bunte Vorhänge in einer leichten Brise flatterten, konnte man auf den Wassergraben und die Vorburg von Schloss Raesfeld blicken.

„Na, gefällt es dir?"

Niki zog die Schultern hoch.

„Ich bleibe ja nicht lange."

„Na, die Sommerferien dauern noch drei Wochen und wir möchten, dass du dich hier wohlfühlst. Ich weiß, du würdest die Ferien lieber mit deinen Freunden verbringen."

Niki schluckte. Jetzt bloß nicht heulen, obwohl ihm danach zumute war.

„Auf manche Dinge freut man sich so sehr, da ist es kaum auszuhalten, wenn sie nicht klappen." Opa fuhr Niki mit einer Hand durch die dichten Haare.

„Wir wollten surfen lernen, Fußball spielen, nachts am Strand schlafen", sprudelte es aus Niki heraus. „Morgen sind Malte und Lars ohne mich fort. Das ist nicht fair."

Opa nickte. „Oft gehen die Dinge, die man sich sehnlichst wünscht, nicht in Erfüllung. Aber manchmal ergibt sich dann aus dem, das stattdessen geschieht, etwas, das wir uns nie vorgestellt hätten", sagte er ernst. „Du musst dich entscheiden. Entweder du bleibst drei Wochen lang traurig und wütend auf deine Eltern oder du versuchst, hier Spaß zu haben. Wie wäre es, wenn ich dir nachher einmal zeige, wo du die nächste Zeit verbringen wirst?"

Niki schaute aus dem Fenster. Er musste erst einmal darüber nachdenken, was Opa gesagt hatte. „Na ja, wir können mal sehen", meinte er. Er wollte sich noch nicht entscheiden.

„Niki, Niki". Seine Mutter stand am Fuß der Treppe. „Ich muss bald wieder fahren. Kommst du herunter?"

„Gleich", brummte Niki und sah seinem Opa hinterher, der bereits auf der ersten Treppenstufe stand. Dann zog er sein Smartphone aus der Tasche und schrieb schnell eine WhatsApp an Malte und Lars: *Bin angekommen. Voll langweilig hier. Habt ihr schon gepackt? Vergesst das Zelt nicht und schreibt mal.* Dann lief er die Treppe hinunter und ging zu den Erwachsenen auf die Terrasse. Seine Mutter war bereits dabei, sich von Oma und Opa zu verabschieden.

„Ich glaube, wir haben alles besprochen, ja? Verwöhnt ihn nicht zu sehr. Es sind zwar Ferien, aber allzu spät sollte er nicht ins Bett gehen."

Niki verdrehte die Augen. Das wollte sie jetzt auch noch bestimmen!

„Ich bin doch kein kleines Kind mehr", knurrte er.

Die Mutter fuhr ihm mit einem Finger über die Nase und lachte. „Ich weiß, Niki.“

Sie nahm ihn in den Arm und drückte ihn fest an sich.

„Nicht mehr böse sein. Wenn wir früher fertig sind, holen wir dich“, flüsterte sie ihm ins Ohr. „Wir machen das wieder gut, versprochen.“

Niki ließ den Kopf hängen. Er merkte, dass seine Augen ein wenig feucht wurden. Es waren die ersten Ferien ohne seine Eltern, drei lange Wochen war er mit Oma und Opa alleine. Nur nicht weinen!

„Ja, ja“, sagte er hastig, gab seiner Mutter einen Kuss auf die Wange und lief schnell wieder die Treppe hoch. Nur nicht weinen!

Durch das Fenster beobachtete er, wie seine Mutter in das Auto stieg, wendete und einmal kurz hupte. Dann war sie weg.

Niki ließ sich aufs Bett fallen und dachte darüber nach, was er jetzt tun sollte. Noch einmal den Freunden schreiben, seine Bücher aus der Tasche holen oder seine Lieblingsmusik auf dem Smartphone hören? Den Koffer würde er auf keinen Fall auspacken. „Versuch, hier Spaß zu haben“, hatte Opa gesagt. Wie sollte das gehen, ohne Malte und Lars? Aber vielleicht sollte er sich von Opa wirklich einmal die Freiheit zeigen lassen. Freiheit, was für ein komischer Name! Aber so nannten die Großeltern den Platz um das Schloss herum. Das war ihm bisher nie aufgefallen, wenn er die Großeltern besuchte. Seine Eltern hatten ihm zwar das Schloss gezeigt, aber das war voll langweilig gewesen. Und so genau hatte er nicht zugehört. Nein, er wusste nicht, wo er hier Spaß haben könnte.

Niki ist nicht doof

Nur auf dem Bett zu liegen, war nicht toll. Niki schaute zum Fenster. Zuhause würde er jetzt mit Malte und Lars Fußball spielen oder sie wären ins Freibad gegangen. Er merkte, dass er durstig war. Mal schauen, ob Oma etwas zu trinken für ihn hatte. Er stieg die Treppe langsam hinab und ging zu Oma, die den Kaffeetisch abräumte.

„Kann ich was trinken?"

„Na klar, geh in die Küche, da stehen Flaschen mit Apfelsaft."

Er trank zwei Gläser Saft und beschloss, Opa zu suchen. Im Garten war er nicht zu sehen, aber aus dem Schuppen hinter dem Haus hörte er etwas. Opa stellte gerade Nikis Fahrrad in den Schuppen.

„Sollen wir dann mal los, Niki?" Opa lachte und setzte sich einen Strohhut auf. Niki nickte und schlich langsam hinter Opa her. Der führte ihn an dem langgestreckten Gebäude mit dem Wassergraben entlang. Niki betrachtete den Bau aufmerksam.

„Das ist die Vorburg", erklärte Opa. „Früher waren hier Ställe und Vorratsspeicher. Der Turm an der Seite heißt übrigens Sterndeuterturm. Du musst einhundert Stufen hochsteigen, bis du oben angelangt bist."

Nikis blaue Augen leuchteten auf. „Sterndeuterturm? Ist eine Sternwarte im Turm?"

„Nein, nein. Den Namen hat der Turm schon lange. Der Schlossherr, der das Schloss bauen ließ, hat dort oben viele Nächte verbracht und den Himmel, Sterne und Planeten beobachtet."

„Kann ich mal auf den Turm steigen, Opa? Ich war in Münster schon im Planetarium. Das ist total spannend, die Sterne und Planeten zu beobachten."

Opa schmunzelte. „Mal sehen, was sich machen lässt."

Niki kam schon eine neue Frage in den Sinn. „Warum heißt der Platz um das Schloss Freiheit, Opa?"

„Der Schlossherr hatte die Freiheit, über die Menschen, die

hier lebten, Gerichtsurteile zu fällen. Das durfte außer ihm niemand. Er entschied, was hier geschehen durfte und wer hier wohnen konnte. So kam es zu dem Namen. Früher lebten in der Freiheit die Leute, die als Diener, Bauern oder Handwerker für den Schlossherren arbeiteten. Für die Häuser, die sie bewohnten und das Land, das sie bearbeiteten, mussten sie sich verpflichten, dem Schlossherren treu zu sein. Das nannte man ‚einen Lehnseid ablegen'. Sie bewachten die Freiheit, arbeiteten auf den Äckern des Schlossherren und halfen bei der Jagd. Das ganze Gelände war mit Wällen und einem Wassergraben umgeben, über den eine Brücke führte."

„Dann waren die Leute aber nicht richtig frei, Opa."

„Das stimmt. Wie gesagt: Die Freiheit etwas zu bestimmen, hatte nur der Schlossherr. Das war Graf Alexander."

Inzwischen waren sie an einer kleinen Kirche angelangt.

„Das ist die Schlosskapelle. Lass uns mal über die Brücke gehen, das war früher eine Zugbrücke. Siehst du, der Tordurchgang führt durch die Vorburg."

Am Ende des Durchgangs blickten sie auf einen freien Platz, an dessen gegenüberliegender Seite eine Holzbrücke über einen Wassergraben auf das Schloss zuführte. Niki zuckte plötzlich vor Schreck zusammen. Hinter ihnen ertönte eine laute Fahrradklingel.

„Aus dem Weg!", schrie eine helle Mädchenstimme.

Er drehte sich schnell um und erkannte das Mädchen mit der roten Baseballkappe, das beinahe das Auto seiner Eltern gerammt hatte. Auch Opa hatte sich umgewandt. Anstatt zur Seite zu gehen, blieb er stehen und breitete die Arme aus.

„Halt, Lisa. Nicht so schnell."

Tatsächlich bremste das Mädchen und hielt neben ihnen an.

„Niki, das ist Lisa. Sie wohnt auch in der Freiheit. Lisa, das ist mein Enkel Niki aus Münster. Er wird die restlichen Sommerferien hier sein. Vielleicht könnt ihr mal etwas gemeinsam unternehmen."

Niki sah Lisa unfreundlich an. „Du bist uns fast vor das Auto gefahren. Rast du immer so durch die Gegend?"

„Geht das dich etwas an?" Lisas dunkle Augen blitzten ihn an. „Ich bin eben nicht so eine Schlafmütze wie du. Außerdem darf ich hier so schnell fahren, wie ich will."

War die pampig, dachte Niki.

„Nee, darfst du nicht, wenn du gegen Autos oder Leute fährst. Komm, Opa, wir gehen weiter."

Opa hatte schmunzelnd zugehört. „Da haben sich ja die richtigen getroffen. Wie wäre es, wenn ich euch im Schlossrestaurant zu einer Limo einlade und ihr lernt euch erst einmal kennen?"

„Eine Limo? Klar, Herr Winter, das darfst du."

Niki musterte Lisa ablehnend. Die war ja wohl selten dämlich. Er war doch keine Schlafmütze.

„Ich habe keinen Durst".

Opa stupste ihn an. „Na, komm, Lisa kann auch nett sein. Das ist doch so, Lisa?"

„Nee, nett bin ich nicht, nur ehrlich, meint meine Mutter."

Opa lachte. „Los, wir trinken eine Limo."

Dann marschierte er über den Platz auf die Brücke zu. Niki sah ihm unschlüssig nach. Lisa trat in die Pedale und fuhr neben Opa her. Zögernd setzte sich Niki in Bewegung und trottete den beiden nach. Das konnte ja heiter werden, dachte er. Eine Limo, dann war Schluss. Er dachte wehmütig an seine Freunde, die bald auf dem Weg an die Nordsee sein würden.

Vor ihnen lagen die beiden Flügel des Schlosses, der Westflügel, der von einem hohen Turm begrenzt wurde, und der Nordflügel. Von oben müssen sie wie ein großes L aussehen, dachte Niki. Die roten Backsteine des Schlosses leuchteten in der Sonne. Lisa stellte ihr Fahrrad neben dem Eingang des Schlossrestaurants ab. Sie gingen durch eine große Eingangstür und Niki staunte über den Raum mit seinen mächtigen Pfeilern. Opa und Lisa waren bereits durch eine weitere Tür auf eine Terrasse mit Tischen und bunten Sonnenschirmen gegangen und Niki beeilte sich, sie einzuholen. Opa suchte einen freien Tisch unter einem der Schirme aus, nahm den Hut ab und wischte sich mit einem Taschentuch über die Stirn.

„Es ist wirklich heiß. Dreimal Limo“, bestellte er bei der Kellnerin, die an ihren Tisch trat.

Niki sah sich um. Sie saßen auf der Rückseite des Schlosses. Auch hier sah er einen breiten Wassergraben, der sich zu einem kleinen Teich erweiterte. Dahinter schloss sich ein Waldgebiet an. Es könnte interessant sein, sich dort morgen einmal umzusehen.

Lisa beobachtete Niki. „Ich kenne mich im Tiergarten total gut aus. Ich bin fast jeden Tag mit dem Fahrrad da.“

„Tiergarten?“ Niki grinste. „Wo sind denn dort die Tiere? Ich sehe keine Elefanten oder Giraffen. Was gibt es denn da zu sehen außer Ameisen oder so?“

„Mensch, bist du doof! Das ist doch kein Zoo! Natürlich sind da Tiere, Rehe und so, aber die laufen frei herum.“

Niki riss empört die Augen auf und schnappte nach Luft. „Ich bin nicht doof! Was habt ihr hier auch so komische Namen, Freiheit, Tiergarten ohne wilde Tiere. Wie soll man wissen, was damit gemeint ist?“

Nein, er hatte wirklich keine Lust, länger mit diesem Mädchen hier zu sitzen. Er und doof!

„Wenn jemand etwas nicht kennt, ist er nicht doof oder dumm, Lisa“, erklärte Opa. „Lass uns Niki doch erzählen, was der Tiergarten ist. Schau, Niki, das Schloss ist vor 400 Jahren gebaut worden. Damals wollte der Bauherr, Graf Alexander von Velen, hinter dem Schloss einen Park mit Gärten und ein Jagdgebiet haben. Das war von hohen Wällen umgeben, auf denen auch noch Pfähle standen. Im Wald und auf den Wiesen lebten Wildschweine, Hirsche und Rehe. Es gibt dort Bäche und Quellen und früher gab es sogar eine Mühle. Von den Gärten kannst du heute nichts mehr sehen. Aber es gibt noch Teiche, einen sogar mit einer runden Insel. Die war einmal ein Weinberg mit einem Brunnen, aus dem eine Fontäne hervorschoss.“

Niki hörte aufmerksam zu.

„Warum hat er die Tiere gejagt?“

„Nun, die Schlossküche wurde mit frischem Wild versorgt, aber es war auch das Freizeitvergnügen von Adeligen damals.“

„Das finde ich nicht gut, Opa. Er hätte doch auch etwas anderes machen können.“

„Das war früher so. Heute jagt hier niemand, stimmt doch, Herr Winter?“

Opa lächelte. „Stimmt, Lisa. Jede Zeit hat ihre Besonderheit. Für einen Grafen wie Alexander war es selbstverständlich zu jagen.“

„Der hätte mir nicht gefallen, Opa.“ Niki schüttelte ablehnend den Kopf.

Sie hatten ihre Limo inzwischen ausgetrunken und Opa zahlte. Durch das Schlossrestaurant gingen sie über die Brücke auf den Vorplatz des Schlosses zurück.

Niki betrachtete das Schloss „Das sieht wirklich alt aus. Der muss reich gewesen sein, der Graf, wenn er das gebaut hat.“

„Der war sogar sehr reich. Der hat das im Krieg, na, dem – wie lange hat der gedauert, Herr Winter?“, mischte Lisa sich ein.

„Dreißig Jahre, Lisa.“

„Ja, der hat das im Dreißigjährigen Krieg gebaut.“

„Dreißig Jahre? Wann war denn das?“

„Vor über hundert Jahren“, erklärte Lisa.

Opa schmunzelte. „Das ist sogar noch länger her. Vor mehr als 400 Jahren hat der Krieg begonnen, von 1618 bis 1648 dauerte er.“

„Ich weiß eine Menge darüber. Mein Papa hat mir genau erzählt, was damals passiert ist.“ Lisa nahm ihre Kappe ab und strich sich durch das kurze braune Haar. „Also das war ein Krieg in Deutschland, auch hier bei uns im Münsterland. Da kämpften Katholiken, die zum Kaiser gehörten, gegen Evangelische, die hielten zu anderen Fürsten. Es gab nämlich viele große und kleine Länder in Deutschland. Und jede Seite meinte, den richtigen Glauben zu haben und wollte die Stärkste sein und die meiste

Macht haben und bestimmen in Deutschland. Dann haben auch andere Länder mitgekämpft. Die Schweden und …" Lisa sah Opa hilfesuchend an.

„… und die Franzosen und Dänen für die Evangelischen, die Spanier für die Katholiken und den Kaiser", half Opa aus. „Ja, es war ein Krieg um Glaube und Macht. Hier im Münsterland wurde auch gekämpft. Viele Menschen starben, sie hungerten, weil die Äcker verwüstet wurden und sie wurden krank. Dörfer wurden von den Soldaten geplündert und in Brand gesteckt, so dass sie auch ihre Häuser verloren."

„Die schlimmste Krankheit damals war die Pest, hat mein Papa erzählt."

„Was war die Pest, Opa?"

„Das war eine sehr ansteckende Infektionskrankheit, die zuerst von Tieren übertragen wurde, Niki."

„Mein Papa sagt, wenn eine Ratte, die die Krankheit hatte, von einem Floh gebissen wurde und der dann einen Menschen gebissen hat, wurde der Mensch krank."

„Das ist richtig, Lisa. Prima, dass du dir das alles so gut gemerkt hast."

Lisa strahlte. „Und in Münster wurde Frieden geschlossen."

„Ja, Kinder, das war eine schlimme Zeit damals. Der Graf Alexander war der Chef von vielen Soldaten im Münsterland. Er hat mit ihnen für den Kaiser gekämpft und ist dabei sehr reich geworden. Als der Krieg noch nicht zu Ende war, hat er sogar schon mit dem Schlossbau begonnen."

„Ich bin froh, dass ich heute lebe", meinte Niki.

„Ich auch." Lisa nickte.

„Na, da seid ihr ja endlich einmal einer Meinung."

„Der war aber schon cool, der Alexander, oder, Herr Winter?"

„Na, der wusste schon, was er wollte und konnte sich durchsetzen."

Niki zog sein Smartphone aus der Hosentasche und fotografierte das Schloss. „Das schicke ich Malte und Lars."

Opa schaute auf seine Uhr. „So, wir sind schon zwei Stunden unterwegs. Es ist Zeit fürs Abendbrot. Die Oma wartet.“ Er wandte sich Lisa zu. „Tschüs, Lisa.“

Lisa schwang sich auf ihr Fahrrad, winkte und fuhr durch den Torbogen in die Freiheit. Niki und Opa gingen langsam hinterher.

Beim Abendbrot fragte Oma Niki, ob ihm das Schloss gefallen habe.

„Na ja“, Niki kaute bedächtig, „das muss im Dreißigjährigen Krieg schon aufregend gewesen sein hier, aber auch gefährlich. Und dann hat dieser Graf im Krieg das Schloss gebaut und auf dem Turm gesessen und die Sterne beobachtet.“

„Er soll sogar ein holländisches Fernrohr besessen haben, das erst kurz vor Beginn des Krieges erfunden wurde. Ich erinnere mich an eine Geschichte über den Grafen und seinen Glauben an Sterne und Horoskope. Warte mal“, Oma überlegte. „Ja, der Graf hat sich regelmäßig von einem Astrologen ein Horoskop erstellen lassen. So ein Horoskop versuchte Zusammenhänge zwischen der Stellung von Himmelskörpern und dem Lebenslauf und dem Schicksal des Menschen, für den es erstellt wurde, herzustellen. Das Horoskop des Grafen war natürlich viel ausführlicher als die Horoskope, die du heute in der Zeitung liest.

Also, in seinem Horoskop, das er sich schon zu Beginn des Krieges machen ließ, stand, dass der Familie des Grafen und ihm selbst einmal eine große Gefahr droht. Dann erinnere ich mich, dass in der Geschichte Kinder erwähnt werden, die plötzlich in der Freiheit auftauchten. Niemand kannte sie. Aber sie sollen ihm geholfen und ihn gerettet haben. Nun war Alexander ein General, hatte viele Gefahren überstanden und die Soldaten, die für ihn kämpften, schützten ihn. In der Geschichte wird berichtet, dass er sich nicht vorstellen konnte, dass Kinder ihm bei einer Bedrohung helfen können. Da ihm im Krieg nichts geschehen ist, hat er diese Warnung auch nicht beachtet, vielleicht auch nicht mehr daran geglaubt. In weiteren Horoskopen soll er jedoch immer wieder gewarnt worden sein. Als der Krieg fast vorbei war, Alexander hatte mit dem Schlossbau begonnen, war die Prophezeiung des Horoskops noch nicht erfüllt. Eines Tages sollen jedoch Fremde in die Freiheit eingedrungen sein, die ihn gefangen nehmen wollten. Alexander ist es gelungen, sie zu besiegen. Wie das geschehen ist, weiß keiner. Aber immer wieder wird in der Geschichte von diesen Kindern erzählt. Ich weiß noch, dass ich dachte, wie rätselhaft und geheimnisvoll das klingt. Er soll aber nun geglaubt haben, dass die Warnung in seinem Horoskop richtig war. Alexander hat jedenfalls noch viele Jahre gelebt und hat sehr oft auf dem Sterndeuterturm Sterne und Planeten beobachtet."

„Mama sagt immer, Horoskope sind Blödsinn."

„Na ja, es gibt etliche Menschen, die glauben, alles Glück oder Unglück, das sie erleben werden, steht in ihrem Horoskop. Das war früher so und ist es jetzt noch. Ein anderer berühmter Feldherr im Dreißigjährigen Krieg, der hieß Wallenstein, hat auch daran geglaubt. Das war nicht so selten." Opa lächelte. „Ob man daran glaubt, muss jeder selbst wissen."

Niki gähnte. Merkwürdig. Er war müde und sehnte sich plötzlich danach in seinem Bett zu liegen und seinen Freunden von diesem Tag zu berichten.

Oma schmunzelte. „Geh nur in dein Zimmer. Deinen Koffer habe ich ausgepackt."

Niki stand auf, umarmte Oma und Opa und stieg die Treppe hoch. Als er in seinem Bett lag, sah er durch das geöffnete Fenster auf den Sterndeuterturm. Wie gerne wäre er jetzt auf dem kleinen Balkon gewesen, der ganz oben um den Turm herumlief und von einer steinernen Balustrade begrenzt wurde. Am Himmel war keine Wolke zu sehen und mit einem Fernglas hätte er die Sterne genau beobachten können. Vielleicht hätte er sogar einen neuen Stern entdeckt. Das Fernrohr des Grafen hätte er gut gebrauchen können. Ob sich die Sterne eigentlich bewegten? Vielleicht könnte er heute die gleichen Sterne sehen, die Alexander beobachtet hatte. Das wäre schon toll, 400 Jahre später. Niki konnte verstehen, dass Alexander es aufregend gefunden hatte, Sterne und Planeten zu betrachten. Obwohl, an ein Horoskop zu glauben, konnte er sich dann doch nicht vorstellen.

Er beschloss, eine WhatsApp an seine Freunde zu schicken: *Hallo, hier ist ganz schön viel passiert früher. Es gibt sogar einen Turm, von dem man die Sterne beobachten kann. Morgen schaue ich mich mal genauer um, ich melde mich dann wieder.* Kurze Zeit später schrieb Malte zurück. *Wir haben alles gepackt und schreiben, wenn wir angekommen sind.*

Niki seufzte. Wie gerne würde er seinen Koffer packen und mitfahren! Was seine Eltern wohl machten? Niki vermisste sie und wünschte, sie wären jetzt bei ihm. Also nahm er sein Handy noch einmal und schrieb: *Hallo, holt mich bald wieder ab. Ich hab euch lieb.*

Kurze Zeit später war er eingeschlafen. Als seine Großeltern wenig später vorsichtig die Tür öffneten, schlief er fest.

Das Loch

Niki erwachte vom Zwitschern der Vögel vor seinem Fenster. Er blinzelte auf seine Armbanduhr. Es war fast acht Uhr. Der erste komplette Tag bei den Großeltern. Was sollte er heute unternehmen? Vielleicht wirklich mit Lisa den Tiergarten erkunden? Sie war zwar frech, aber sie kannte sich aus. Mit seinem Fahrrad wäre er schnell weg, wenn sie ihn wieder „doof" nannte. Er beschloss aufzustehen und zum Frühstück zu den Großeltern auf die Terrasse zu gehen.

Der Frühstückstisch war gedeckt und Niki griff hungrig nach Brötchen und Kakao.

„Was unternimmst du heute? Soll ich dir noch etwas zeigen?" Opa sah ihn an.

„Ich fahre mit dem Rad in den Tiergarten. Ich frage Lisa, ob sie mitkommt, sie hat gestern so angegeben, sich auszukennen. Wo wohnt sie denn?"

„Du fährst bis zur Kapelle, biegst nach rechts ab und klingelst am dritten Haus auf der linken Seite, da wohnt sie."

„Okay, bis später."

Niki stand auf und holte sein Fahrrad aus dem Schuppen. Er schwang sich in den Sattel.

Da, das dritte Haus, hier musste Lisa wohnen. Niki zögerte. Wollte er wirklich mit Lisa in den Tiergarten fahren? Er gab sich einen Ruck und klingelte. Eine Frau mit kurzen, braunen Haaren öffnete. Das ist bestimmt Lisas Mutter, dachte Niki.

„Guten Morgen", sagte er höflich. „Ich möchte zu Lisa."

„Du bist bestimmt Niki", sagte die Frau lächelnd. „Lisa hat von dir erzählt. Komm rein, ich rufe sie."

Kurz darauf hörte Niki eine Tür schlagen und Lisa kam in mehreren Sprüngen die Treppe herunter. Sie trug wieder ihre rote Baseballkappe.

„Du? Was willst du denn?", meinte sie schnippisch.

„Ich wollte nur fragen, ob wir zusammen in den Tiergarten fahren. Aber wenn du nicht willst, fahre ich halt alleine!“ Niki wandte sich entschlossen zur Haustür.

„Warte mal, sei doch nicht so empfindlich.“ Sie verstellte Niki den Ausgang. „Ich meine das doch nicht so. Ich habe nur nicht erwartet, dass du mich fragst.“

„Na gut, aber ich bin nicht empfindlich und nicht doof, wenn ich etwas nicht kenne.“

Lisa grinste. „Okay, ich nehm´s zurück. Warte mal kurz, ich sage nur meiner Mutter Bescheid.“

Sie verschwand in den hinteren Teil des Hauses und Niki ging zu seinem Fahrrad. In diesem Teil der Freiheit standen die Häuser zu beiden Seiten einer engen Straße. Auch sie waren, wie alle Häuser hier, die Vorburg und das Schloss, aus roten Backsteinen gebaut.

Neben dem Haus öffnete sich ein schmales Tor, durch das Lisa ihr Fahrrad schob. Sie trug einen kleinen bunten Rucksack bei sich.

„Meine Mutter hat mir etwas zu trinken, Brötchen und Kuchen eingepackt, wenn wir Hunger bekommen.“

Sie stiegen auf die Räder und fuhren durch die Toreinfahrt der Vorburg auf den Schlossplatz. Vier Männer transportierten zwei Schränke und mehrere Stühle in das Innere der Vorburg.

Niki hielt an. „Was machen die?“

„Im Schloss ist heute so was wie eine Schule für Handwerker. Die lernen zum Beispiel, wie man alte Möbel wieder aufbaut und neu macht.“

Lisa fuhr auf ein Tor zu, das sich zwischen zwei Häusern befand, die zur Vorburg gehörten. Sie bog nach links ab und fuhr vor Niki über einen schmalen Weg am Schlossweiher entlang auf die ersten Bäume des Tiergartens zu.

Niki sah sich um. Links und rechts eines breiten Weges standen hohe Bäume. Sie fuhren langsam nebeneinander her. Lisa bog auf einen anderen Weg ab, der an einem langgezogenen Teich vorbeiführte.

Nachdem sie eine Stunde kreuz und quer durch den Tiergarten gefahren waren, hielt Lisa an einem kleinen Bach an.

„Möchtest du mal die Wassermühle sehen? Sie ist nicht sehr weit von hier."

Niki nickte. Sie fuhren weiter und bogen auf einen weiteren Weg ein. Nach etwa zehn Minuten sah Niki einen Teich.

„Das ist der Mühlenteich, gleich sind wir da."

Einige wenige Mauerreste, an denen ein altes steinernes Mühlrad lehnte, tauchten vor ihnen auf. Sie lehnten ihre Räder an einen Baum und umrundeten die Reste des Gebäudes, die teilweise von hohem Gras überwuchert wurden. Nein, hier lebte und arbeitete schon viele Jahre niemand mehr.

Niki war enttäuscht. „Das ist ja nur eine Ruine. Ich dachte, hier wird noch Mehl gemahlen."

Lisa lachte. „Nee, schon lange nicht mehr. Das ist bestimmt hundert Jahre her oder noch länger." Dann fragte sie: „Hast du auch Hunger? Komm, wir setzten uns auf den Baumstamm."

Sie deutete auf einen dicken, mit Moos überzogenen Stamm, der vor der Ruine lag. Niki setzte sich neben sie. Lisa zog zwei kleine Flaschen Wasser und eine Tüte mit Kuchen, Brötchen und Äpfeln aus dem Rucksack. Niki griff gerne zu.

„Danke."

Eine Weile saßen sie schweigend nebeneinander und aßen. Es war still im Tiergarten. Nur die Vögel sangen und hin und wieder fielen Sonnenstrahlen durch das dichte Blätterdach der Bäume.

Niki sah sich um. „Die Mühle liegt aber abgelegen. Ich kann mir nicht vorstellen, dass hier einmal Menschen gelebt haben. Das muss ganz einsam gewesen sein hier, vielleicht auch unheimlich, so tief im Wald."

Lisa hatte nicht zugehört. Sie fixierte konzentriert eine Stelle auf dem Boden vor dem Rest einer gemauerten Wand. „Ich habe was gesehen. Da blinkt was."

Sie nahm einen Ast in die Hand und begann Blätter von einer

Stelle hinter der Ruinenmauer wegzuschieben. Unter dem Blätterberg legte sie Teile eines Holzbretts frei, an dessen Seite ein schwerer, teilweise verrosteter Ring aus Eisen befestigt war. Doch an einigen Stellen schimmerte unter dem Rost das glänzende Metall hervor.

„Nun hilf mir doch mal."

Auch Niki begann, Laub und Moos von dem Brett zu entfernen.

„Was ist das?", fragte er neugierig. Hast du das schon einmal gesehen? Ist das eine Tür, die jemand hierhin gelegt hat?"

„Nee, hier habe ich noch nie etwas entdeckt."

Sie hatten ein großes viereckiges Brett freigelegt, das wirklich einer alten Tür glich.

„Vielleicht hat der Müller hier einen Schatz versteckt", meinte Lisa aufgeregt. „Und wir entdecken ihn! Stell dir mal vor, wir werden reich!"

Niki musste lachen. „Ja, Gold und Diamanten oder so. Wahrscheinlich wollte nur jemand eine alte Tür entsorgen."

Lisa hatte begonnen, mit aller Kraft an dem Ring zu ziehen, doch vergeblich. Das Brett verschob sich um keinen Millimeter. Sie stöhnte und schimpfte. „Das ist schwer. Steh nicht rum, sondern hilf mir. Du musst mit ziehen, alleine schaffe ich es nicht."

Der Ring war so groß, dass sie ihn beide anfassen konnten. Aber selbst mit dem Ring schafften sie es nicht, das Brett zu bewegen. Niki entdeckte im dichten Gras eine verbogene Eisenstange. „Warte mal."

Er hob die Stange auf und steckte sie in einen schmalen Spalt an einer Seite des Brettes. Mit vereinten Kräften versuchten sie, das Brett anzuheben. Nichts. Das Brett blieb wie festgenagelt liegen. Wieder schob Niki die Stange in den Spalt. Lisa lag fast auf der Stange und auch Niki strengte seine ganzen Kräfte an. Wieder nichts, das Brett rührte sich nicht. Erschöpft ließen sie sich ins Gras fallen.

„Komm, Niki, wir versuchen es noch einmal." Entschlossen packte Lisa die Stange.

Niki seufzte und wieder versuchten sie, das Brett zu bewegen. Nach drei weiteren erfolglosen Versuchen gelang es ihnen endlich, das Brett wenige Zentimeter anzuheben.

„Es bewegt sich! Fester, Niki", jubelte Lisa.

Nach einer weiteren Anstrengung konnten sie das Brett tatsächlich so weit anheben, dass es mit einem lauten Krachen nach hinten umklappte. Sprachlos schauten sie in ein abgrundtiefes, schwarzes Loch, durch das mühelos ein Erwachsener gepasst hätte.

„Wir entdecken bestimmt ein Geheimnis." Sie rümpfte die Nase und ergänzte: „Wie das stinkt!"

Lisa war aufgeregt. Sie beugte sich über den Rand des Loches.

Niki hielt sie fest. „Vorsicht! Lass uns erst einmal schauen, ob wir etwas erkennen können." Mit der Taschenlampe seines Smartphones leuchtete er vorsichtig in das Loch. Aber der Schein der Lampe konnte die Schwärze des Loches kaum erhellen. „Ist das dunkel! Es muss tief sein, der Boden ist nicht zu erkennen."

„Lass mich auch mal sehen, vielleicht entdecke ich etwas."

Lisa beugte sich weiter über das Loch. Sie schob sich noch ein Stück vor und noch ein Stück. Doch da passierte es! Lisa verlor den Halt und stürzte kopfüber in das Loch. „Niki, Niki!"

Ihre Stimme wurde immer leiser, dann verstummte sie.

Niki schaute entsetzt in das Loch. Was konnte er tun? Hilfe holen? Seinen Opa anrufen? Die Gedanken rasten durch seinen Kopf.

„Lisa, Lisa!" Niki schrie immer wieder ihren Namen.

Er zitterte. Hoffentlich war Lisa nicht verletzt! Er beugte sich über das Loch. Nein, er konnte keine Spur von ihr entdecken. Zentimeter für Zentimeter schob er sich weiter vor. Niki hielt den Atem an. War da etwas? Noch ein kleines Stück, dann … Entsetzt schrie Niki auf. Auch er hatte sich zu weit über den Rand gebeugt, verlor den Halt und fiel.

Alles um ihn herum war tiefschwarz. Das Loch musste breit sein, denn er stieß an keine Wand. Ein modriger Geruch von

Schimmel und Feuchtigkeit schlug ihm entgegen. Es wurde kälter und kälter. Plötzlich hörte er einen leisen, hellen Ton, der langsam immer lauter und dunkler wurde, so dass er es kaum aushalten konnte. Er presste beide Hände auf die Ohren, während er immer tiefer und tiefer fiel. Niki bekam große Angst. Was passierte hier? Es schien ein Sog zu sein, der ihn immer schneller nach unten zog. Um ihn herum zuckten plötzlich Blitze auf und es erklang ein tiefes Grollen wie bei einem starken Gewitter. Niki glaubte zu schreien, aber es kam kein Laut aus seinem Mund. Er versuchte, sich an der Wand festzuhalten. Doch vergeblich, der Sog verstärkte sich und er fiel immer schneller. Ihm wurde schwindelig, und dann war es plötzlich still. Kein Grollen, nichts, nur Stille. Allmählich wurde die Dunkelheit um ihn heller und er konnte im Fallen Wände aus Erde erkennen. Niki schloss die Augen. Es kam ihm vor, als würde er seit Stunden fallen. Plötzlich spürte er, wie die Geschwindigkeit, mit der er durch das Loch fiel, abnahm. Er blinzelte und nahm wahr, dass es heller wurde. Jäh hörte der Fall auf und Niki landete unsanft auf einem stacheligen Untergrund.

Elsken

Es war dämmrig. Niki erkannte, dass er auf einen Strohhaufen gefallen war. Sein Kopf schmerzte. Noch nie hatte er so große Angst verspürt wie jetzt. Er wagte kaum zu atmen und sah sich vorsichtig um. Er lag in einem kleinen Raum mit einer niedrigen Decke, in den nur durch ein schmales, enges Fenster Licht fiel. Dann hörte er ein Geräusch, das nach dem Maunzen einer kleinen Katze klang. Niki erstarrte. Was war das? Er war nicht alleine! In einer Ecke nahm er eine Gestalt wahr, die auf dem Boden kauerte. Das war doch Lisa?

„Lisa, bist du es? Sag was! Ich bin es, Niki."

Tatsächlich, es war Lisa. Sie hob langsam den Kopf, die Hände fest auf die Schläfen gepresst. Niki sah, dass sie leise weinte.

Langsam kroch er zu ihr. „Lisa, ich bin es."

„Was ist passiert?", flüsterte Lisa. „Ich bin gefallen und gefallen, dann war da ein schrecklicher Ton in meinen Ohren. Niki, ich hab Angst. Wo sind wir?"

„Ich weiß es nicht."

Niki hätte jetzt auch gerne geweint. Aber irgendwie fühlte er sich für Lisa verantwortlich, schließlich war er ein Jahr älter.

Niki zog sein Smartphone aus der Tasche. „Ich rufe Opa an, der hilft uns bestimmt." Aber das klappte nicht. „Mist, kein Empfang. Wir scheinen in einem Funkloch zu sein. Wir müssen hier raus, vielleicht klappt es draußen."

Lisa hob eine Hand hoch. „Horch mal, Niki."

Etwas rumpelte über den Boden. Dann hörten sie die Stimmen zweier Männer.

„Meister Bitter, was bringt Ihr mir?"

„Korn, Müller, wir brauchen Mehl. Hier, auf dem Wagen sind die Säcke. Schickt mir einen Knecht, der sie abladen kann. Elsken, steig solange herunter. Es dauert ein wenig, ich muss mit dem Müller noch etwas besprechen."

„Ist gut, Vater!", rief eine helle Mädchenstimme.

Lisa und Niki sahen sich an. Wer waren die Leute? Etwas polterte, als würden schwere Säcke auf den Boden fallen. Von weiter weg hörten sie ein Quietschen und Knarren, das vom Plätschern von Wasser begleitet wurde. Niki entdeckte eine niedrige Öffnung in der Wand. Er kroch auf allen Vieren auf sie zu und schaute vorsichtig hinaus.

„Was siehst du?“ Lisa war direkt hinter ihm.

„Da hebt ein Junge Säcke von einem Wagen, der von einem Pferd gezogen wird. Ein Mädchen steht daneben. Der Junge zieht die Säcke in ein Haus.“

Behutsam schob er seinen Kopf ein wenig weiter, dann zog er ihn plötzlich zurück. Das Mädchen hatte in seine Richtung geblickt.

„Was …“, begann Lisa.

Niki hielt ihr eine Hand vor den Mund.

„Psst, leise, sonst entdecken sie uns.“

Sie krochen in eine Ecke des Raumes, als sich die Öffnung verdunkelte. Erschreckt beobachteten sie, wie sich ein schwarz gelockter Kopf hineinschob, der zu einem Mädchen in einem langen, grauen, verblichenen Leinenkleid gehörte. Die nackten Füße waren schmutzig. Das Mädchen, das etwa so alt war wie Niki, sah sich neugierig um. Sie fuhr zurück, als sie Lisa und Niki erblickte. Schließlich kroch sie entschlossen durch die Öffnung und stellte sich vor sie hin. Aufmerksam musterten sie sich.

„Wer seid ihr? Was macht ihr hier?“

Lisa und Niki sahen sich an.

„Wer bist du?“, fragte Lisa unsicher, „wo sind wir?“

„Ich bin Elsken Bitter. Mein Vater ist der Schmied der Freiheit. Wir haben Korn zur Mühle gebracht.“ Elsken schaute sie misstrauisch an. „Woher kommt ihr? Wieso wisst ihr nicht, wo ihr seid? Das ist die Wassermühle, die dem Grafen Alexander gehört. Wir Freiheiter müssen hier unser Korn mahlen.“

Lisa und Niki sahen sich verblüfft an.

Das konnte nicht möglich sein, schoss es Niki durch den Kopf!

Die Mühle war eine Ruine und die Freiheiter ließen kein Korn mahlen, Mehl kauften sie im Supermarkt. Was hatte es mit dem Loch auf sich, durch das sie gefallen waren? Wie konnte er Opa erreichen? Und wie kamen sie wieder zurück?

„Ich hole meinen Vater." Elsken wollte durch die Öffnung kriechen.

„Nein, nein, warte. Wir sind Lisa und Niki. Wir, wir kommen …" Niki brach ab. Wie sollte er Elsken erklären, woher sie kamen?

Elsken wandte sich ihnen wieder zu. Argwöhnisch hielt sie Abstand.

„Versprichst du uns, erst einmal zuzuhören, bevor du deinen Vater holst?"

Elsken schüttelte unentschlossen den Kopf, doch dann siegte ihre Neugier. „Gut, ich höre euch zu."

Sie setzte sich vor die Öffnung.

„Ich wohne auch in der Freiheit", sprudelte es aus Lisa heraus.

„Nein, du lügst. Ich kenne alle Leute hier", rief Elsken empört und wollte wieder durch die Öffnung kriechen.

„Bitte, bleib", rief Niki verzweifelt, „ich erzähle alles."

Er warf Lisa einen beschwörenden Blick zu. Hoffentlich hielt sie den Mund. „Ich werde dich nicht anlügen."

Elsken schaute ihn prüfend an.

„Ihr müsst aber in der Ecke sitzen bleiben", meinte sie nach einigem Nachdenken.

Niki begann zu erzählen, wie sie im Tiergarten bei der alten Wassermühle gewesen waren, ein Loch entdeckt hatten und hineingefallen waren.

„Jetzt wissen wir nicht, wo wir gelandet sind. Wenn du sagst, in der Mühle wird Mehl gemahlen, dann muss das Loch so etwas wie ein Loch in der Zeit gewesen sein. Wir sind in eine andere Zeit gefallen. Es kann nicht anders sein. Ich kann es nicht beweisen oder erklären, aber es kann nur so sein, dass wir in einer anderen Zeit geboren sind als du. Es muss so sein."

Elsken schaute sie ungläubig an. „Das soll ich glauben!? Bestimmt hat euch jemand geschickt, der uns Böses will. Jetzt, im Krieg, werden sogar Kinder aufgehetzt, erzählt mein Onkel."

„Ich weiß, das ist schwer zu glauben. Aber ich sage die Wahrheit. Bitte glaube uns!", flehte Niki eindringlich.

„Schau!" Lisa stand auf. „Schau wie wir angezogen sind. Gibt es solche Hosen in deiner Zeit? Und das hier", sie zeigte auf ihre Kappe und den bunten Rucksack, „kennst du das oder nicht? Und das" – sie zeigte auf ihr Handgelenk - „das ist eine Armbanduhr."

Elsken schwieg.

„Ich wohne wirklich in der Freiheit, aber viele, viele Jahre nach dir. Wenn jetzt Krieg ist, welches Jahr ist gerade?"

„Es ist das Jahr 1646, der Krieg dauert schon achtundzwanzig Jahre, und ich werde bald elf."

Niki sprang auf. „Dann muss der Krieg der Dreißigjährige Krieg sein. Wir sind vierhundert Jahre zurückgereist", rief er aufgeregt. „Dann dauert er noch zwei Jahre."

„Woher wisst ihr, wann der Krieg vorüber ist? Es war schon Krieg, als ich geboren wurde."

„Wir wissen es, weil wir aus der Zukunft kommen. Mein Opa hat uns vom Krieg erzählt. Der Graf Alexander baut gerade sein Schloss." Niki wurde immer aufgeregter. „Du musst uns glauben, wir sind in ein Loch gefallen, durch das wir in deine Zeit gekommen sind."

Elsken sah Lisa und Niki skeptisch und forschend zugleich an. „Ich weiß nicht, ob ich euch glauben soll. Was, wenn euch die Evangelischen geschickt haben, um uns und den Grafen Alexander auszuspionieren. Vielleicht gibt es solche Hosen bei den Schweden und alles ist eine List. In Münster und Osnabrück beraten sie schon lange über den Krieg, aber wir glauben erst an Frieden, wenn nicht mehr gekämpft wird, sagt mein Vater."

Lisa schlug beide Hände vor das Gesicht und begann zu weinen. „Ich will nach Hause."

Niki hob resigniert die Schultern. Die Gedanken schwirrten

durch seinen Kopf. Was kann ich noch erklären, dachte er, wie kann ich Elsken überzeugen? Entmutigt blickte er sie an.

„Wenn du uns nicht glauben kannst, dann verrate uns wenigstens nicht“, bat er ratlos.

Elsken blieb vorsichtig. „Und wenn ihr nun keine Menschen seid, sondern Geister? Vielleicht sollte ich doch meinen Vater holen. Meine Großmutter sagt immer, dass es viele Dinge gibt, die wir nicht erklären können. Ich weiß wirklich nicht, ob ich euch glauben kann.“

Niki schüttelte niedergeschlagen den Kopf. „Nein, bitte, hol deinen Vater nicht. Wir müssen erst überlegen, wie wir in unsere Zeit zurückkommen. Wir wollen nichts Böses.“

Lisa schniefte leise und auch Niki stiegen die Tränen in die Augen. Er konnte verstehen, dass Elsken misstrauisch war. Wahrscheinlich würde er eine solche Geschichte an ihrer Stelle auch nicht glauben. Elsken beobachtete sie schweigend und ging zögernd auf Lisa zu. Vorsichtig legte sie ihr eine Hand auf die Schulter und tastete sie ab.

„Du bist ein Mensch“, stellte sie fest.

Immer noch misstrauisch zog sie sich zum Eingangsloch zurück. Sie schien konzentriert nachzudenken.

„Also gut, wie soll ich euch helfen?“, fragte sie dann.

„Wir müssen in unsere Zeit zurück. Vielleicht kennst du jemanden, der von dem Zeitloch gehört hat und uns helfen kann. Wenn wir nur jemanden fragen könnten, wie wir zurückreisen können. Mir fällt nichts ein. Wir müssen in Ruhe überlegen“. Niki sah Elsken an. „Und wir haben Durst. Kannst du uns etwas zu trinken holen?“

Elsken überlegte. „Ihr müsst erst einmal hier bleiben. In diese Hütte kommt der Müller selten. Ich fahre mit meinem Vater zurück und komme mit Wasser wieder. Aber ihr müsst mir versprechen, vorsichtig zu sein, denn der Müller ist nicht immer nett zu Fremden.“

Lisa und Niki nickten eifrig. Elsken verschwand durch die Öffnung. Bald darauf hörten sie die Pferde prusten und den Wagen anfahren. Sie waren allein.

„Meinst du, wir können uns auf sie verlassen?“, fragte Lisa flüsternd.

Niki zögerte mit einer Antwort. „Na ja, was bleibt uns übrig?“, meinte er dann. „Lass uns die Hütte untersuchen, irgendwo muss das Loch doch sein. Vielleicht finden wir selbst einen Weg zurück.“

Sie begannen, den Boden der Hütte Zentimeter für Zentimeter zu erkunden, schoben Stroh zur Seite, entdeckten einen Holzeimer und einige kleinere Äste, aber sie fanden kein Loch.

Niki dachte nach. Bald kam ihm ein Gedanke „Na klar! Wir sind doch gefallen. Also muss das Loch in der Decke sein, nicht im Boden.“

Prüfend betrachteten sie die Decke. Sie bestand aus Holzbalken, die mit Stroh bedeckt waren. Doch auch hier war kein Loch zu sehen. Niki drehte den Holzeimer um, stieg hinauf und stocherte mit einem der Äste in der Dachbedeckung.

„Siehst du etwas?“ Lisa stellte sich ungeduldig auf die Zehenspitzen.

„Nein, nichts. Da ist kein Loch, durch das ein Mensch fallen kann.“

Auch die Untersuchung der weiß gekälkten Wände blieb ergebnislos. Enttäuscht setzten sie sich in einer Ecke des Raumes eng zusammen. Durch das kleine Fenster und die Öffnung, die als Tür diente, fiel immer weniger Licht herein. Das Stroh in der Hütte war alt. Niki zog die Nase kraus, denn es roch muffig und modrig. Vielleicht hatten hier einmal irgendwelche Tiere gelebt. Draußen hörten sie den Müller mit seinen Knechten schimpfen. Das Wasserrad der Mühle quietschte und knarrte. Die Zeit wollte nicht vergehen. Niki schaute immer wieder durch die Öffnung. Aber bald war es so dunkel, dass er seine Hand nicht mehr erkennen konnte. Keine Straßenlaterne erhellte die Nacht. Der Müller und seine Knechte waren in das Haus gegangen und es war sehr still vor der Mühle geworden, nur das Wasserrad drehte sich beständig. Als eine Gestalt durch die Öffnung kroch, nahm Niki einen der Äste fest in die Hand. Er würde sie verteidigen!

„Ich bin es."

Erleichtert erkannten sie Elsken. Sie lachte, als sie den Ast in Nikis Hand erkannte. „Wolltest du mich mit dem kleinen Ast erschrecken? Hier, mehr habe ich nicht."

Sie drückte jedem ein Stück Brot in die Hand. Niki und Lisa griffen zuerst nach dem Wasserkrug, den Elsken vor ihnen abgestellt hatte, und tranken gierig.

„Ihr müsst andere Kleider anziehen, damit ihr nicht auffallt."

Lisa bekam ein Leinenkleid, das dem von Elsken verblüffend ähnlich sah. Für Niki hatte sie Leinenhosen und einen Kittel mitgebracht.

„Von meinem Bruder", erklärte sie. „Eure Sachen verstecken wir. Ihr müsst aber auch noch die Schuhe ausziehen.

Ich nehme euch mit zu mir. Unsere Schmiede liegt am Rand der Freiheit. Wir haben einen kleinen Stall hinter dem Garten, da könnt ihr heute Nacht bleiben."

Lisa sah auf Elskens nackte Füße und schüttelte den Kopf. „Nein, ohne Schuhe laufe ich nicht."

Niki runzelte die Stirn. „Wir sind schneller, wenn wir unsere Schuhe anbehalten. Du bist es gewohnt, barfuß zu gehen, aber wir werden kaum von der Stelle kommen. Wir können sie später immer noch ausziehen."

Widerstrebend nickte Elsken. „Na gut, aber wir Kinder tragen im Sommer keine Schuhe. Die sind viel zu teuer und es ist warm genug."

Sie zogen sich schnell um und schoben die Kleider, den Rucksack und die Kappe unter das Stroh. Niki sah auf seine Armbanduhr, zögerte, doch schließlich nahm er sie ab und versteckte sie im Rucksack. Elsken kroch als erste durch das Loch und sah sich wachsam um. „Kommt schnell!"

Vorsichtig folgten Niki und Lisa ihr. Es war sehr dunkel und der

Himmel war bedeckt, so dass sie weder Mond noch Sterne sehen konnten. Das Mühlrad drehte sich langsam, aus dem Wohnhaus der Mühle fiel durch ein Fenster gedämpftes Licht. Die Müllersfamilie war offensichtlich noch wach. Elsken führte sie rasch über einen Hof in den Wald. Der Weg war eng und die Bäume und Büsche standen so dicht, dass die Dunkelheit immer weiter zunahm.

Lisa stolperte über eine Baumwurzel. „Au, das tut weh."

Elsken drehte sich um. „Du musst leise sein", zischte sie. „Wenn der Müller uns hört, kann ich euch nicht mehr helfen."

„Ich kann kaum die Bäume erkennen", flüsterte Niki. „Ich hätte nicht gedacht, dass der Tiergarten bei Nacht so dunkel ist."

Elsken war stehen geblieben. „Ihr dürft niemandem sagen, dass ihr aus der Zukunft kommt. Das ist zu gefährlich. Die Leute könnten denken, ihr seid eine Hexe und ein Hexer, und die werden verfolgt und mit dem Tod bedroht. Dann ist auch meine Familie in großer Gefahr, wenn ihr bei uns gefunden werdet. Das müsst ihr mir versprechen oder ich lasse euch alleine."

Niki konnte Elsken in der Dunkelheit kaum erkennen, aber ihre Stimme klang beschwörend und ängstlich. „Wir werden mit niemandem darüber sprechen. Lisa, du auch nicht." Niki fasste Lisas Arm. Seine Stimme klang entschlossen. Er dachte an Lisas freche, vorwitzige Bemerkungen, denn die konnten gefährlich werden. „Mit niemandem, Lisa!"

„Ja, ich versprech`s. Darauf gebe ich euch meine Hand."

Lisa streckte den Arm aus und nickte, obwohl die anderen sie kaum erkennen konnten.

So schnell sie konnten, eilten sie weiter. Elsken führte sie immer tiefer in den Wald hinein. Ein Weg war nicht zu erkennen. Niki warf ständig Blicke über die Schulter. Folgte ihnen jemand? Elsken lotste sie um Bäume und Sträucher herum und achtete auf Hindernisse. Hier und da hörten sie ein Rascheln und Knistern. Das mussten Tiere sein, die im nächtlichen Wald unterwegs waren. In der Nähe plätscherte Wasser, irgendwo war ein Bach. Sträucher und Farne strichen um ihre Beine. Wie Geisterhände, dachte Niki und gruselte sich. Er bemühte sich im feuchten Moos nicht auszurutschen. Äste und Zweige knackten und direkt über ihnen erklang ein Huu-hu-huhuhuu, der lang gezogene Ruf eines Waldkauzes. Niki blickte wieder zurück. Wurden sie beobachtet? Schaudernd zog er die Schultern zusammen und versuchte, dicht hinter Elsken zu bleiben. Hinter sich erkannte er schemenhaft Lisa, die angestrengt zu Boden sah. Nur nicht stolpern! Elsken lief so schnell, dass keine Zeit blieb, sich vor den unheimlichen Geräuschen und fremden Tierstimmen zu sehr zu fürchten.

Schließlich traten sie aus dem Wald heraus und Lisa und Niki blieben abrupt stehen. Vor ihnen lag das Schloss. Sie staunten, denn alles war eine große Baustelle. Am Schlossturm und dem großen Hauptgebäude wurde gebaut und, Niki traute seinen Augen nicht, auch an zwei weiteren Flügeln. Dieses Schloss war viel größer als das, was er kannte. Die Wolken hatten sich gelichtet und nun konnten sie im Mondlicht den Sterndeuterturm und ein kleines Stück der Vorburg erkennen. Doch es blieb ihnen keine Zeit nachzudenken, denn Elsken hastete bereits weiter. Sie leitete sie um einen Wassergraben und über einen schmalen Weg gelangten sie hinter ein Haus zu einem kleinen, fensterlosen Holzstall, dessen Dach mit Holz und Moos gedeckt war.

„Hier könnt ihr heute Nacht bleiben“, flüsterte sie. „Ich habe zwei Decken ins Stroh gelegt. Seid leise. Morgen überlegen wir, wie es weitergeht.“

Wortlos schlüpften Lisa und Niki in den Stall. Übermüdet fielen sie in das Stroh, deckten sich mit den Decken zu und schliefen rasch ein.

Elskens Idee

Klong-Klong, Klong-Klong, Klong-Klong. Das rhythmische Schlagen von Eisen auf Eisen hatte Niki geweckt. Etwas Feuchtes fuhr durch sein Gesicht. Er schreckte mit einem leisen Schrei hoch. Nur durch einige Ritzen in der Tür fiel gedämpftes Licht in den Stall. Vor sich sah er ein großes haariges Etwas. Und das stank!

„Igitt! Lisa, du musst aufwachen. Was ist das?“ Er rüttelte an ihrer Schulter und zog sie an den Haaren. Warum wurde sie nicht wach?

„Lass mich schlafen!“ Lisa drehte sich um, gähnte und öffnete widerwillig die Augen.

Langsam richtete sie sich auf und blickte in die Augen einer Ziege, die jetzt dabei war, ihr mit der Zunge durchs Gesicht zu lecken. Sie fuhr zurück. „Wo sind wir? Oh. Ich dachte, ich hätte nur geträumt.“ Sie wandte sich Niki zu. „Ich glaube, das ist nur eine Ziege, Niki. Die will bestimmt wissen, wer in ihrem Stall ist.“

Aus einer Ecke erklang ein schwaches Meckern.

„Da ist noch eine.“

Niki stand an der Tür des kleinen Stalls und schaute durch ein Astloch ins Freie. Wieder erklang das seltsame Klong-Klong.

„Hörst du das?“, fragte er Lisa. „Was mag das sein? Es ist schon hell. Hoffentlich kommt Elsken bald. Ich habe Hunger.“ Er setzte sich zu Lisa.

Kurze Zeit später öffnete sich die Holztür einen Spalt breit und Elsken schlüpfte herein. Sie hatte einen Krug mit Wasser und zwei Stücke hartes Brot dabei.

„Hier, mehr habe ich im Moment nicht.“

Niki dachte an Brötchen und Kakao, seufzte, und griff dennoch gierig nach dem trockenen Brot. Sie tranken das Wasser und kauten schweigend. Sie beobachteten, wie Elsken die Ziegen hinaustrieb und die Tür hinter sich schloss.

Nach wenigen Minuten war sie zurück.

Klong-Klong, Klong-Klong.

„Wer macht diese Geräusche?"

„Das sind mein Vater, mein Bruder Wilhelm und unser Knecht Lambert. Sie arbeiten in der Schmiede. Vater schmiedet Beschläge für die Türen und Fenster am neuen Schloss, außerdem Nägel und Werkzeug. Außerdem beschlägt er die Pferde mit Hufeisen." Elsken setzte sich zu Lisa und Niki.

„Wir müssen überlegen, was wir jetzt machen. Wir können nicht ewig hier im Stall bleiben." Niki sah Elsken fragend an.

Diese nickte. „Ich habe nachgedacht. Vor einigen Monaten kamen Kinder in die Freiheit, die ihre Eltern suchten. Ihr Dorf wurde zerstört, deshalb sind sie mit ihren Eltern geflüchtet. Soldaten haben ihren Vater unterwegs mitgenommen. Als ihre Mutter in einem Dorf um Essen betteln wollte, ist sie nicht zurückgekommen. Nun haben sie versucht, ihren Vater zu finden. Sie sind einige Tage geblieben und dann weitergezogen. Mein Vater meint, viele Menschen ziehen umher, weil sie ihre Heimat verloren haben. Wenn wir erzählen, ihr seid auch auf der Suche nach euren Eltern, könnt ihr bestimmt bleiben. Dann können wir überlegen, wie ihr in eure Zeit zurückkommt."

Lisa und Niki schwiegen niedergeschlagen. Niki war sich nicht sicher, ob es wirklich so einfach sein konnte. Er fühlte sich so mutlos. Niemals hätte er gedacht, jemals in eine solche Situation zu kommen. Besorgt sah er zu Lisa, die ganz fahl geworden war.

„Wir werden es so machen. Wir haben keine andere Chance", murmelte sie.

Elsken sah sie nachdenklich an, seufzte und zog die Stirn kraus. „Mein Vater erzählt oft, dass in diesem langen Krieg viele Menschen ihre Heimat verloren haben, weil ihre Häuser und Dörfer zerstört wurden. Hier bei uns im Münsterland waren auch Soldaten und haben gekämpft, da war ich noch nicht geboren. Es waren die katholischen Spanier und die evangelischen Hessen. Meine Großmutter erzählt manchmal von dieser Zeit. Die Soldaten waren grausam. Sie haben geplündert, Häuser in Brand gesteckt und Menschen getötet. Manche Menschen hatten nichts zu essen und litten Hunger. Alle hatten große Angst. Auch meine Großmutter musste mit ihrem Mann und ihren Kindern aus der Freiheit flüchten und sich verstecken. Erst nachdem Graf Alexander die fremden Soldaten vertrieben hatte, konnten sie zurückkehren. Ihr müsst sagen, dass ihr durch viele verlassene und niedergebrannte Dörfer gekommen seid, deren Namen ihr nicht kennt. Ihr wisst auch nicht, wie lange ihr schon nach euren Eltern sucht, weil es euch schon endlos vorkommt. Eure Eltern waren Bauern und ihr habt in einem kleinen Dorf mit wenigen Häusern gelebt. Wenn ihr etwas nicht wisst, dann sagt ihr, ihr habt es vergessen oder es ist zu traurig, daran zu denken", meinte Elsken bestimmt.

„Aber wir kennen uns in deiner Zeit nicht aus! Wenn man uns fragt, was wir erlebt haben, können wir nichts erzählen. Und wie sollen wir es schaffen, nach Hause zurückzukommen? Ich habe so große Angst, dass es nicht gelingt. Was werden meine Eltern sagen? Sie können doch nicht wissen, was passiert ist." Lisa ließ traurig den Kopf hängen.

Niki schluckte. Lisa hatte Recht. „Ich weiß es doch auch nicht. Aber es muss einen Weg zurück geben, Lisa! Wir werden ihn finden", versuchte er sich und ihr Mut zu machen.

Elsken hatte stumm zugehört. „Ich weiß, dass ihr traurig seid und Angst habt. Wenn ich traurig bin, versucht meine Großmutter mich zu trösten. Sie sagt immer, wir sollen die Hoffnung nicht verlieren, auch wenn etwas aussichtslos scheint. Sie meint, es ist so viel geschehen, seit der Krieg begann. So viele Gefahren haben wir überlebt. Sie hat immer gehofft, dass es wieder besser wird, und das hat ihr geholfen."

Niki schüttelte ratlos den Kopf. „Ich glaube, uns kann nur ein Wunder helfen", murmelte er ratlos.

Elsken stand auf. „Wenn wir hier nur herumsitzen und jammern, schaffen wir es bestimmt nicht", meinte sie energisch. „Wir schleichen bis zum Tiergarten, dann erzähle ich, ich hätte euch dort getroffen. Meiner Mutter habe ich gesagt, ich gehe Beeren sammeln.“

Lisa und Niki waren nicht überzeugt, dass Elskens Plan gelingen könnte. Aber Elsken öffnete vorsichtig die Tür und schaute sich aufmerksam um. Niemand war zu sehen. Sie verließen eilig den Stall.

Eine andere Welt

Lisa und Niki sahen sich neugierig um. Sie bemerkten ein kleines Steinhaus mit einem Schindeldach, aus dem das Klong-Klong nun laut zu hören war. Aus einem Kamin stieg weißer Rauch auf. Offensichtlich war das die Schmiede von Elskens Vater. Einige Meter neben der Schmiede stand ein Fachwerkhaus, dessen Dach mit Stroh bedeckt war. Weitere kleine Fachwerkhäuser schlossen sich an. Elsken wandte sich nach links und huschte hinter einige Büsche. Lisa und Niki folgten ihr schnell. Zwischen den Zweigen hindurch konnten sie die Freiheit beobachten. Es herrschte geschäftiges Treiben. Mehrere Männer hoben Steine von einem Wagen, andere sägten Holz. Beladene Ochsengespanne fuhren rumpelnd durch die Gasse, von allen Seiten war emsiges Hämmern, Sägen und Klopfen zu hören.

„Kommt schnell." Elsken lief geduckt weiter, die Büsche geschickt als Deckung nutzend.

Lisa und Niki konnten ihr kaum folgen. Atemlos erreichten sie den Tiergarten.

„Redet nicht zu viel, damit ihr euch nicht verratet. Und zieht eure Schuhe aus."

Widerwillig folgten sie ihrer Anweisung.

Elsken war zufrieden. „So, jetzt seht ihr aus wie wir."

Langsam gingen sie den Weg zurück, den sie gekommen waren. Vor dem Fachwerkhaus blieb Elsken stehen. Aus der Schmiede hörte man wieder das Klong-Klong.

„Wartet, ich hole meine Mutter."

Elsken verschwand durch die Holztür des kleinen Fachwerkhauses. Lisa fasste nach Nikis Hand. Schweigend beobachteten sie die in der Freiheit arbeitenden Männer, die neugierig zu ihnen herüber schauten. Schließlich öffnete sich die Tür und Elsken erschien mit einer großen, hageren Frau in einem grauen, langen, verblichenen Leinenkleid. Ihr Alter konnte Niki nur vermuten. Ihr halblanges, schwarzes Haar war jedenfalls von weißen Strähnen durchzogen. Hinter sie war eine kleinere, gebeugte Frau getreten, deren weißes Haar unter einer Haube hervor sah. Ihr Kleid war von unbestimmter Farbe und an vielen Stellen mit Flicken besetzt. Sie erschien Niki uralt. Sie ist bestimmt viel älter als Oma, dachte er. Und die war schon sechzig Jahre alt. Doch er ahnte nicht, dass diese Frau nur ein Jahr älter war als seine Oma.

„Das sind meine Mutter und meine Großmutter", stellte Elsken die Frauen vor. „Und das sind …".

„Nikolaus heiße ich", sagte Niki hastig und zeigte auf Lisa. „Das ist meine Schwester Lisa. Wir suchen unsere Eltern. Dürfen wir hierbleiben?"

Lisa und Elsken schauten Niki verblüfft an.

Die große Frau runzelte die Stirn. „Ihr kommt von weit her, erzählt Elsken. Wir kennen euch nicht und haben nicht viel Platz", meinte sie misstrauisch. „Ich kann das nicht entscheiden. Es ist so viel fremdes Volk unterwegs, da bleibt jeder besser für sich. Wir können euch nicht aufnehmen."

„Anna, du willst die Kinder doch nicht wegschicken!", mischte sich Elskens Großmutter ein.

Ärgerlich drehte die Mutter sich zu ihr um. „Und wenn sie eine Krankheit haben? Vielleicht erzählen sie nicht die Wahrheit und wir geraten in Gefahr!"

„Bitte, Mutter, lass sie bleiben, sie können bei mir schlafen", bettelte Elsken.

Doch ihre Mutter schüttelte den Kopf. „Nein, wir können nicht allen helfen. Wir geben ihnen etwas zu essen, dann müssen sie weiterziehen."

„Dann gehe ich mit ihnen", rief Elsken trotzig. „Ich habe sie gefunden, ich lasse sie nicht alleine. Mutter, bitte, du darfst sie nicht wegschicken." Sie holte tief Luft und umklammerte den Arm ihrer Mutter. „Wir müssen auch Vater fragen, der soll entscheiden", stieß sie schließlich hervor.

Lisa und Niki ließen die Köpfe hängen.

Wie kann ich sie nur überzeugen, uns aufzunehmen, fragte sich

Niki. Bisher konnte er immer Mama und Papa fragen, wenn etwas nicht so klappte, wie er sich vorstellte. Aber jetzt? Niki fühlte sich schlagartig allein und hilflos. Da half es auch nicht, dass Lisa leise zu schluchzen begann.

„Nein, Kleine, nicht weinen, es wird schon gut.“ Die Großmutter war zu Lisa getreten und nahm sie in den Arm. „Sie kommen erst einmal ins Haus, Anna. Wir beraten uns mit Johan, dann sehen wir weiter.“

Entschlossen nahm sie Lisa an die Hand und zog sie hinter sich her.

Elsken fasste nach Nikis Hand. „Komm, Niki… ich meine Nikolaus. Na los!“

Sie beeilten sich, Lisa und die Großmutter einzuholen. Die Mutter schüttelte den Kopf.

„So ein Unverstand“, murmelte sie.

Durch die Holztür traten sie über eine Schwelle in einen schummrigen Raum, dessen Boden aus rohen Holzbohlen zusammengesetzt war. Die niedrige Decke bestand aus dicken Holzbalken. An der linken Wandseite sah Niki einen hüfthohen, aus Ziegelsteinen gemauerten Tisch, auf dem ein Feuer brannte. Im Feuer stand ein eiserner Dreifuss. Aus einem großen Kessel darauf dampfte und brodelte es. Das war der Herd, auf dem gekocht wurde. Unter der Herdfläche lagerte in einem Hohlraum das Brennholz. Damit nichts Feuer fangen konnte, war der Boden um den Herd herum mit Steinplatten ausgekleidet. Über dem Herd bemerkte er einen hohen Kaminabzug. Die Wand hinter dem Herd war vom Rauch des Feuers schwarz geworden, während die übrigen Wände weiß gekälkt waren. Das offene Herdfeuer verbreitete einen beißenden Rauchgeruch im Raum. Neben der Haustür waren drei Bretter an der Wand befestigt. Auf ihnen standen Teller, Becher und mehrere Krüge. Eine weitere Tür im hinteren Teil des Zimmers, die offen stand, führte in einen Garten. Neben der Tür waren die einzigen zwei kleinen Fenster, durch die wenig Licht fiel. An der rechten Raumseite führte schließlich eine schmale Holztreppe in eine weitere Etage. Hier unten schien der Wohnraum zu sein, der mit einem großen Holztisch, an dessen Seiten zwei Bänke an der Wand befestigt waren, zwei Stühlen, einem Schaukelstuhl, einem einfachen Schrank, zwei Holztruhen und einem Spinnrad eingerichtet war. Niki bemerkte, dass auch Lisa sich staunend umschaute.

„Was ist“, fragte Elskens Mutter barsch. „Seid ihr noch nie in einem Haus gewesen?“

Elsken stupste Niki an. „Sie sind froh, nicht mehr im Freien zu sein. Sicher sind sie erschöpft und müde.“

Wieder erhielt Niki einen kleinen Stups in den Rücken. Elsken sah ihn flehend an. Hoffentlich machte er jetzt keinen Fehler. Niki räusperte sich.

„Wir, wir …“ Er wusste nicht weiter.

„Unser Haus war viel, viel kleiner“, sagte Lisa schnell.

„Nun setzt euch erst einmal.“ Die Großmutter zeigte auf eine der Bänke.

Lisa und Niki setzten sich eng zusammen, Elsken schlüpfte schnell neben sie.

„Habt ihr Hunger?“, fragend sah die Großmutter Niki und Lisa an.

Die schüttelten die Köpfe. Nein, sie waren viel zu aufgeregt, um etwas zu essen. Eingeschüchtert rückten sie noch näher zusammen. Niki legte den Arm um Lisas Schultern als er bemerkte, dass sie leicht zitterte.

„Wir dürfen bestimmt bleiben“, flüsterte er, sich selbst und Lisa Mut machend.

Lisa warf ihm einen zweifelnden Blick zu.

Die Großmutter hatte die beiden beobachtet und lächelte sie tröstend an. „Es ist schon schlimm, dass Kinder in diesen Zeiten ihre Eltern suchen müssen“, meinte sie schließlich. „Aber mein Sohn Johan ist kein Unmensch. Wenn er helfen kann, tut er das.“

„Mach ihnen nicht zu viel Hoffnung“, unterbrach die Mutter sie schroff. „Wir können keine zusätzlichen Esser gebrauchen.“

Lisa und Niki rückten noch enger zusammen.

„Meine Mutter meint das nicht so“, wisperte Elsken ihnen zu. „Sie sorgt sich nur immer um uns.“

Lisa und Niki sahen sie zweifelnd an.

„Ich hoffe es“, murmelte Lisa.

„Kommt, ich zeige euch den Garten.“ Elsken stand auf und sah ihre Mutter an, die nickte.

„Aber bleibt am Haus, Vater kommt bald.“

Lisa und Niki liefen schnell hinter Elsken her, die bereits an der Hintertür des Hauses stand.

Dürfen Lisa und Niki bleiben?

Sie traten in den Garten, der durch einen niedrigen Zaun aus groben Holzlatten eingegrenzt wurde. Verschiedene Sorten Gemüse wuchsen in mehreren Reihen, zwischen denen einige Hühner, eifrig in der Erde pickend, herumliefen. Im hinteren Teil des Gartens standen vier Obstbäume. Außerdem war dort ein kleiner Verschlag, aus dem Grunzen und Quicken drang.

„Das ist unser Schwein." Elsken lachte, als sie die verblüfften Mienen von Lisa und Niki sah. „Unsere Ziegen kennt ihr ja schon. Wir haben auch eine Kuh. Die ist mit den Kühen der anderen Freiheiter auf der Weide. Heute Abend melkt meine Großmutter sie. Sie macht Käse aus der Milch und manchmal darf ich davon trinken", erklärte sie stolz.

Lisa stieß Niki an. „Erklär mir mal, warum du plötzlich Nikolaus heißt."

Niki wurde ein wenig rot. „Na, erstens heiße ich wirklich Nikolaus, zweitens dachte ich, dass Niki zu auffällig ist, zu modern, du weißt schon."

Lisa grinste. „Nikolaus! Ich gewöhn mich schon dran."

Die Mutter erschien in der Tür. „Elsken, Elsken, komm in die Küche, ich brauche deine Hilfe."

Elsken lief ins Haus zurück, Lisa und Niki folgten langsam. In der Küche war Elsken gerade damit beschäftigt, hölzerne Löffel auf den Tisch zu legen.

Die Großmutter schnitt Scheiben von einem großen Brotlaib und deutete auf eine der Bänke. „Setzt euch Kinder, gleich gibt es Suppe."

Die Mutter schöpfte am Herd mit einer Kelle heiße Suppe in eine große Schüssel aus gebranntem Ton. Polternd ging die Haustür auf und zwei Jungen, der eine zwei bis drei Jahre älter als Niki, der andere etwa achtzehn Jahre, kamen in die Küche. Ihnen folgte ein hünenhafter Mann, der Elskens Vater, der Schmied Johan Bitter, sein musste. Er hatte Elskens schwarze Haare, die jedoch von wenigen grauen Strähnen durchzogen waren. Über seinem Leinenkittel trug er eine lederne Schürze, die er abnahm, als er die Küche betrat. Staunend betrachtete Niki die starken Muskeln und großen Hände des Schmiedes. Aber er hat lustige Augen, dachte er, als Elskens Vater an den Tisch trat. Aufmerksam sah der Schmied Lisa und Niki an. Niki wurde es mulmig zumute. Hoffentlich glaubt er uns.

Elsken deutete auf die beiden Jungen. „Das sind mein Bruder Wilhelm und unser Knecht Lambert. Sie arbeiten in der Schmiede."

„Ihr seid also die zwei Kinder, die ihre Eltern suchen", stellte der Vater fest. Bevor die Mutter etwas sagen konnte, winkte er ab. „Lass mal, Anna. Wir essen zuerst, danach rede ich mit den beiden."

Die Familie nahm rund um den Tisch Platz. Die Großmutter schob Niki und Lisa je eine Scheibe Brot zu. Alle tauchten ihren Löffel in die Schüssel, die in der Mitte des Tisches stand. Misstrauisch beäugten Lisa und Niki die Suppe, in der grüne Kohlblätter und andere Gemüsestücke schwammen. Zögernd folgten sie dem Beispiel der anderen. Niki merkte sofort, wie hungrig er war und auch Lisa ließ die Schüssel nicht aus den Augen. Schweigend löffelten alle die Suppe, die erstaunlich würzig war. Schließlich war die Schüssel leer. Seufzend lehnte sich der Vater zurück.

„Das war gut. Seid ihr alle satt geworden?"

„Na, wir könnten schon noch etwas vertragen", meinte Lambert.

Johan Bitter schmunzelte. „Dann geht in den Garten. Am hinteren Baum sind Äpfel reif."

Das ließen sich Wilhelm und Lambert nicht zweimal sagen und verschwanden durch die Küchentür.

„Nun zu euch. Erzählt, wie ihr hierher gefunden habt." Der Schmied sah Lisa und Niki durchdringend an.

Niki fühlte wieder Unsicherheit und Furcht in sich aufsteigen. Er holte tief Luft. Er wollte, nein, er musste den Schmied überzeugen. Zu seiner Beruhigung griff er nach Lisas Hand und berichtete so knapp wie möglich die Geschichte, die sie sich ausgedacht hatten.

„Und ich habe sie im Tiergarten gefunden“, schob Elsken schnell ein. „Sie waren müde und hungrig, da musste ich sie einfach mitnehmen. Du sagst doch immer, dass die Menschen einander helfen müssen in diesen Kriegszeiten.“

Der Vater sah sie stirnrunzelnd an. „Deine Mutter ist dagegen, sie hier aufzunehmen.“

„Aber Vater, wenn du sie wegschickst, kann ihnen was Schreckliches passieren. Was sollen sie machen, wenn sie auf Soldaten treffen? Wo sollen sie etwas zu Essen finden? Das darfst du nicht zulassen. Bitte, bitte!“ Elsken traten Tränen in die Augen.

Die Großmutter legte dem Vater eine Hand auf den Arm. „Vielleicht können sie sich nützlich machen, Holz sammeln, uns auf dem Feld bei der Ernte helfen, die Ziegen hüten und anderes. Dann haben wir Zeit zu überlegen, wie sie ihre Eltern finden können. Sie müssen sich ausruhen, Johan.“

Unschlüssig sah der Schmied seine Frau an. „Mutter hat Recht, Anna. Lass uns in Ruhe überlegen, was wir mit den Kindern machen. Vielleicht finden wir eine gute Lösung.“

Elskens Mutter seufzte. „Du bist einfach zu gutmütig, Johan. Meinetwegen lass sie bleiben, aber sie müssen helfen und sich ihr Brot verdienen.“

Lisa und Niki hatten den Atem angehalten, während über ihr Schicksal verhandelt wurde.

Elsken fiel dem Vater um den Hals. „Danke, Vater, danke. Ich kümmere mich um sie.“

Niki fiel ein Stein vom Herzen. Er stand auf und reichte Johan Bitter erleichtert und dankbar die Hand. Er war heilfroh, dass Elskens Vater ein freundlicher und großzügiger Mann war.

„Danke, das werden Sie nicht bereuen“, sagte er.

Der Schmied reagierte nicht darauf. „Ich muss zurück in die Schmiede. Lambert, Wilhelm“, rief er stattdessen durch die Küchentür, „kommt, die Arbeit ruft.“

Lachend stürmten die Jungen in die Küche und folgten ihm.

„Holt Stroh, ihr drei“, wandte sich die Mutter missmutig an Elsken. „Hilf ihnen, in deiner Schlafkammer ein Nachtlager aufzuschütten.“

Elsken führte Niki und Lisa in den kleinen Stall, in dem sie die Nacht verbracht hatten. Jeder nahm ein großes Bündel Stroh mit ins Haus. Sie stiegen die enge Treppe hoch in eine kleine Kammer, die mit einer Truhe und einem hölzernen Wandbett für Elsken und die Großmutter fast zugestellt war. Durch ein winziges Fenster fiel nur wenig Licht hinein. Sie warfen das Stroh in eine Ecke. Nachdem sie noch einige Packen Stroh geholt hatten, lag ein ansehnlicher Haufen auf dem Boden.

Seufzend ließ sich Lisa hineinfallen. „Was machen wir jetzt? Sollen wir noch einmal zur Mühle gehen? Vielleicht haben wir etwas übersehen.“

„Der Müller wird euch nicht in die Hütte lassen“, meinte Elsken. „Morgen will mein Vater das Mehl vom Müller holen. Wir könnten mitfahren und versuchen, die Hütte noch einmal zu untersuchen.“

„Das ist eine gute Idee.“ Lisa nickte. „Wenn du uns hilfst, finden wir vielleicht das Loch, durch das wir gefallen sind.“

„Na ja, schaden kann es nicht“, sagte Niki skeptisch. Er hatte doch die ganze Hütte durchsucht! Er konnte sich nicht vorstellen, dass sie das Loch morgen finden würden.

„Dann zeige ich euch jetzt die Freiheit.“ Elsken lachte und stupste Niki an. „Nun mach nicht so ein Gesicht. Immerhin haben wir es geschafft, dass ihr nicht weggeschickt werdet.“

Der Graf ist schlecht gelaunt

Noch immer lachend lief Elsken die Treppe hinunter. Vor dem Haus zeigte sie auf das kleine Steinhaus, aus dessen Kamin Rauch kam. „Das ist die Schmiede meines Vaters.“

Aus der Freiheit hörten sie die Rufe von anderen Kindern. „Der Graf kommt, der Graf kommt!“

Das Rufen wurde vom Hufschlag mehrerer Pferde übertönt, die in raschem Trab auf die Schmiede zuhielten. Kurz vor dem Haus hielten sie an. Der vorderste Reiter saß auf einem großen, schwarzen Pferd. Er war in einen langen, dunklen Umhang gehüllt. Auf dem Kopf trug er einen breitkrempigen Hut, aus dessen Seite eine lange Feder ragte. Sein schwarzes Haar fiel auf einen weißen, breiten Kragen. Ein Schnurrbart und ein spitz zulaufender Kinnbart ließen ihn vornehm aussehen. Weit mehr als der herrische Gesichtsausdruck des Grafen faszinierten Niki die bis über die Knie reichenden Stiefel aus Leder, die am oberen Ende umgestülpt waren. Das also war Graf Alexander.

„Meister Bitter!“, rief der Graf mit einer dunklen, gebieterischen und befehlsgewohnten Stimme, „Meister Bitter!“

Der Schmied war bereits aus der Schmiede gelaufen und blieb mit einer tiefen Verbeugung vor dem Reiter stehen.

„Wann kannst du die Nägel liefern?“, fragte der Graf den Schmied. „Meister Jacob braucht sie, wir können nicht länger warten!“

„Das zusätzliche Eisen ist noch nicht aus Wesel gekommen. Ich warte jeden Tag darauf“, sagte der Schmied eilig.

Das Gesicht des Grafen verfinsterte sich. „Warum ist das Eisen noch nicht da, Bartholomäus?“, fragte er einen der anderen Reiter ungeduldig.

„Die Wagen sind auf dem Weg nach Wesel, Exzellenz. Morgen müssen sie wieder hier sein“, antwortete der schnell.

„Das will ich hoffen, ich will keine Verzögerungen!“

Plötzlich deutete er auf Lisa und Niki. „Wer sind die Kinder? Ich kenne sie nicht.“

„Zwei heimatlose Kinder, die sich eine Weile bei uns ausruhen. Sie heißen Lisa und Nikolaus.“

„Du weißt, dass ich keine Fremden in der Freiheit dulde, Meister Bitter. Schicke sie weg, wir können keine überflüssigen Esser gebrauchen!“ Der Graf klang gereizt, seine dunklen Augen funkelten den Schmied grimmig an.

Schmied Bitter nickte zögernd. Lisa, Niki und Elsken hatten den Atem angehalten. Niki schluckte. In seinem Bauch begann es zu flattern.

Er nahm seinen ganzen Mut zusammen und trat einen Schritt vor. „Wir werden für unser Essen arbeiten.“

Niki blickte Alexander direkt in die Augen und erkannte nur Unnachgiebigkeit. In ihm stieg die Furcht hoch, den Grafen nicht umstimmen zu können.

Lisa trat neben ihn, nahm seine Hand, ihre Augen blitzten als sie den Grafen ansah. „Wir fallen niemandem zur Last. Was wir essen, verdienen wir uns“, sagte sie mit fester Stimme.

Leise war die Großmutter hinter die Kinder getreten. Sie legte die Hände auf ihre Schultern und musterte Graf Alexander mit einem kühlen Blick. „Eure Exzellenz wird doch nicht zwei unschuldige Kinder wegschicken! Graf Alexander, Ihr wisst genau, was Kindern ohne Eltern in diesen Zeiten geschieht. Ich weiß doch, Exzellenz, dass Ihr ein mildtätiges Herz habt. Sie werden arbeiten und dann sehen wir weiter.“

Der Graf betrachtete sie mit gerunzelter Stirn und schüttelte unwillig den Kopf. „Margareta Bitter, wir kennen uns nun so viele Jahre. Oft hast du mir widersprochen. Aber gut, ich will eine Ausnahme machen, aber du verbürgst dich dafür, dass sie nicht stören!“

Er deutete mit seiner Reitgerte auf Lisa und Niki. Dann gab er seinem Pferd die Sporen. In raschem Trab ritt er auf die Zugbrücke der Vorburg zu und verschwand durch das Tor.

Niki hatte weiche Knie bekommen. Erleichtert atmete er tief aus und lächelte die Großmutter an.

„Wir werden ihm aus dem Weg gehen", versprach er.

„Puh, hatte der schlechte Laune", Lisa schüttelte sich.

Elsken sah Niki und Lisa ernst an. „Er will, dass das Schloss schnell fertig wird, damit er mit seiner Familie einziehen kann. Sie wohnen jetzt in Dorsten. Aber er kommt jeden Tag, um zu sehen, ob die Leute arbeiten. Manchmal bleibt er nachts hier, steigt auf den Sterndeuterturm und beobachtet die Sterne. Man sagt, dass er an seine Horoskope glaubt und sein Sternendeuter viel Geld verdient."

„Auf den möchte ich auch einmal steigen." Niki blickte sehnsüchtig am fünfstöckigen Turm hoch.

Ob Opa es wirklich möglich machen konnte, mit ihm den Turm zu besteigen? Ihm fiel die Geschichte ein, die Oma ihm über das Horoskop des Grafen erzählt hatte. Sollte dem Grafen nicht eine Gefahr drohen? Na, der kann sich bestimmt wehren, so gebieterisch, wie der mit den Menschen spricht, dachte Niki. Nein, freundlich war der Graf wirklich nicht.

„Auf den Turm darf niemand steigen, nur der Graf." Schmied Bitter sah Niki und Lisa eindringlich an. „Im Keller ist das Verlies, das dürfen nur seine Soldaten betreten, die Gefangene bewachen. Haltet euch vom Schloss fern, damit ich euch nicht wegschicken muss", sagte er streng.

Lisa und Niki nickten. Sie würden ganz bestimmt jede Begegnung mit dem Grafen vermeiden.

Elsken zog sie weiter in die Freiheit. Langsam gingen sie an der Vorburg entlang. Niki sah sich aufmerksam um. Die Freiheit kam ihm viel kleiner vor als beim Spaziergang mit Opa. Vielleicht lag das an der Reihe schmaler Fachwerkhäuser, die enger zusammenstanden als die Häuser, die er so gut kannte. Es fehlten auch die Vorgärten mit ihren vielen Blumen. Die Gasse vor der Vorburg war eng. Abfall und Unrat lagen auf dem Boden, der unangenehm roch. Hühner scharrten darin herum. Er fühlte sich fremd hier und ekelte sich ein bisschen vor dem Geruch. Die Kapelle ähnelte der, die er kannte, aber sie war klein und baufällig. Niki beobachtete durch den Durchgang der Vorburg fasziniert das Geschehen rund um den Bau des Schlosses und des Schlossturms.

Lisa deutete jedoch in eine andere Richtung. „Schau mal, da steht heute unser Haus".

Niki achtete nicht auf sie. Gebannt betrachtete er die einfache Holzbrücke, die von der Freiheit auf den Schlosshof führte. Hier war die Stelle, wo Lisa fast in das Auto seiner Mutter gefahren war. Hier gab es tatsächlich eine Zugbrücke, so wie Opa es erzählt hatte.

„Können wir uns die Baustelle einmal ansehen?", fragte Niki neugierig, beeindruckt von den vielen Menschen, die beim Schlossbau arbeiteten.

Elsken schaute sich um. Niki merkte, dass sie zögerte. Wahrscheinlich hatte sie Angst, dem Grafen zu begegnen, dachte er. „Ich würde so gerne die Baustelle sehen, wir passen schon auf." Niki schaute sie weiter bittend an. Schließlich nickte sie.

Als Elsken sah, dass niemand auf sie achtete, zog sie Lisa und Niki schnell über die Brücke. Sie drückten sich an die Mauer der Vorburg, um nicht aufzufallen. Niki beobachtete viele Handwerker, die mit unterschiedlichen Arbeiten beschäftigt waren. Steinmetze, Glasmacher und Dachdecker arbeiteten an der Außenfassade. Verschiedene Steinhaufen, behauene und unbehauene Steine, Backsteine, Fässer, Holz, Sand, alles lag geordnet im Schlosshof. Niki lauschte. Es war kein einziges Maschinengeräusch zu hören, keine Bohrer oder andere Werkzeuge. Zwar erklangen Hämmer, Klopfen, das Geräusch von aufeinanderschlagendem Metall und die Rufe der vielen Arbeiter, aber es war nicht so laut wie bei dem Bau des neuen Hauses in seiner Straße in Münster. Das muss ich Opa erzählen, dachte er. Der wird sich wundern, dass ich die Schlossbaustelle und alle vier Gebäudeteile beschreiben kann. Wenn er es ihm denn jemals würde erzählen können. Erst mussten sie einen Weg zurück finden.

Bevor die Sehnsucht nach seinen Großeltern zu groß wurde, stieß Lisa ihn an. „Hey, träumst du?"

Sie deutete auf einen Mann, der in eine kastanienbraune Kutte mit spitz zulaufender Kapuze gekleidet war. Er eilte auf den Sterndeuterturm zu. Eine Tür, die zu einem schlanken Treppenturm der Vorburg gehörte, öffnete sich. Graf Alexander und ein Mann in einem grauen Kittel traten auf den Hof.

„Pater Michael!" Der Graf wandte sich dem Mann in der braunen Kutte zu.

Lisa begann zu lachen und deutete auf den Kuttenmann.

„Schaut mal, das ist eine komische Kapuze! Die sieht aus wie eine Tüte."

Der Graf hörte das Lachen und drehte sich zu den Kindern um. Elsken war blass geworden. Sie versuchte, Niki und Lisa hinter ihrem Rücken zu verstecken. Aber da war der Graf bereits mit großen Schritten bei ihnen und packte Lisa am Kragen. Sie erschrak und schrie auf.

„Was treibt ihr euch auf meiner Baustelle rum? Ich dulde nicht, dass sie ohne meine Zustimmung betreten wird! Ich werde euch aus der Freiheit jagen", rief er. Zornig schüttelte er Lisa immer weiter, die inzwischen laut weinte.

Pater Michael war näher gekommen. „Eure Exzellenz, das sind doch nur Kinder!"

„Kinder, die hier nichts zu suchen haben! Verschwindet und kommt mir nicht mehr unter die Augen."

Er fixierte Elsken. „Bringt sie weg!"

Niki brachte keinen Ton heraus, er starrte den Grafen entsetzt an. Dann nahm er Lisa bei der Hand und zog sie über die Zugbrücke in die Freiheit. Elsken war dicht hinter ihnen. So schnell sie konnten, rannten sie bis zur Schmiede, vor der sie atemlos stehen blieben.

„Warum musstest du lachen?", schrie Niki Lisa an. „Wenn wir jetzt weggeschickt werden, bist du schuld."

„Das wollte ich nicht. Das kommt nicht wieder vor, versprochen", schluchzte Lisa.

Doch Niki drehte sich um und lief in den Stall, in dem sie die letzte Nacht verbracht hatten. Er ließ sich in einen Strohhaufen fallen und hämmerte zornig mit den Fäusten auf den Boden. Warum war Lisa nicht vorsichtiger? „Ich werde sie knebeln, damit sie endlich den Mund hält!“, schrie er.

Er war so böse auf Lisa. Wenn sie sich nicht zu weit über das Loch gebeugt hätte, wäre er jetzt bei Oma und Opa. Er hatte Heimweh, nach seinen Eltern und Großeltern. Er vermisste sie. Plötzlich überfiel ihn die große Angst, nie mehr den Rückweg zu finden, und er begann vor Wut und Hilflosigkeit zu weinen.

Ein rätselhaftes Gespräch

Niki erwachte davon, dass die Großmutter bei Sonnenaufgang aufstand. Als er Lisa schnarchen hörte, musste er grinsen. Auch Elsken schlief noch. Hatte er wirklich von Brötchen mit Schokoladencreme geträumt? Wenn er daran dachte, wurde er hungrig. Er drehte sich zu Elsken um, die gähnend die Augen öffnete.

„Guten Morgen. Hast du gut geschlafen, Niki?“ Elsken schwang die Beine aus dem Bett.

„Na, es ist schon ein wenig hart, aber es geht.“

Niki stupste Lisa an. „Aufwachen, du Langschläferin!“

Niki und Elsken hatten sich bereits angezogen, als Lisa endlich aufstand und schnell ihr Kleid überstreifte. In der Küche rührte die Mutter in einem Kessel auf der Feuerstelle.

„Wo können wir uns waschen?“ Lisa sah Niki fragend an.

Der zog die Schultern hoch. „Ich habe kein Badezimmer gesehen“, flüsterte er. „Ich glaube, das Waschen entfällt.“

Sie schlüpften durch die Haustür. Rechts vom Haus bemerkten sie Elskens Bruder Wilhelm, der an einem gemauerten Ziehbrunnen stand und eine Kurbel drehte. Er zog einen mit Wasser gefüllten Holzeimer hoch, der mit einem langen Seil an der Kurbel hing. Wilhelm schüttete das Wasser in einen anderen Eimer um, den er ächzend zum Haus trug.

Niki ging schnell zum Brunnen und ließ den Holzeimer in den Brunnen hinunter bis er ein Plätschern hörte. Mühsam zog er ihn wieder hoch. Der Eimer war zur Hälfte mit Wasser gefüllt. Schnell tauchte er seine Hände in das Wasser und fuhr sich mit den nassen Händen durch das Gesicht.

„Kommt ins Haus, meine Mutter hat den Haferbrei fertig.“

Bei dem Wort *Haferbrei* verzog Niki das Gesicht. Brötchen mit Schokoladencreme blieben wohl weiterhin ein Traum.

Im Haus saß die Familie um den Tisch und löffelte Brei aus einer Schüssel. Lisa und Niki setzten sich schnell auf die Bank, griffen nach ihren Löffeln und begannen schweigend zu essen.

„Bevor das neue Eisen kommt, fahre ich zur Mühle, das Mehl holen. Lambert, sorge dafür, dass das Pferd angeschirrt ist. Du, Wilhelm, kümmerst dich um das Feuer in der Schmiede.“

Die Jungen nickten.

Elsken stieß Niki unter dem Tisch an.

„Dürfen wir mitfahren, Vater? Wir können dir helfen.“

Johan Bitter nickte gutmütig. „Gut, kommt mit.“

Die Kinder blieben in der Nähe des Hauses, um die Abfahrt nicht zu verpassen. Als sie Graf Alexander in Begleitung des Mannes mit der spitzen Kapuze durch die Freiheit gehen sahen, versteckten sie sich hinter großen Sträuchern.

„Wer ist das?“ Lisa steckte neugierig den Kopf hervor.

Niki riss sie schnell zurück.

„Das ist Pater Michael von Gent. Er ist der Architekt des Schlosses und ein Kapuzinermönch aus dem Kloster in Münster“, erklärte Elsken. „Manchmal kommt er, um nach den Arbeiten von Meister Jacob und Meister Johann, den Baumeistern, zu sehen.“

Niki hatte den Atem angehalten, als der Graf und der Pater in ihrer unmittelbaren Nähe vorbeigegangen waren. Nicht noch eine Begegnung mit dem reizbaren Grafen, dachte er.

Als der Schmied mit dem Fuhrwerk vorfuhr, kletterten die Kinder schnell hinter ihn. Rumpelnd setzte sich der Wagen in Bewegung. Es war ein Leiterwagen mit Holzrädern, die mit eisernen Reifen beschlagen waren. Der Weg zur Mühle führte quer durch den Tiergarten, und sie wurden auf den unebenen Wegen kräftig durchgerüttelt. An der Mühle angekommen, sprangen sie schnell vom Wagen. Der Müller war zu Elskens Vater getreten und beachtete die Kinder nicht. Sie liefen zu der kleinen Hütte, in der Niki und Lisa gelandet waren, und krochen flink durch die enge Öffnung. Wieder suchten sie Decke, Wände und Boden nach dem Loch ab, durch das Niki und Lisa gefallen waren. Aber sie fanden nichts, was einem Loch ähnelte.

Entmutigt ließen sie sich auf dem Boden nieder. Lisa wirkte niedergeschlagen und Niki starrte vor sich hin. Er zermarterte sich den Kopf. Ob das Loch neben der Hütte sein konnte? Es blieb ihnen wohl nichts anderes übrig als auch die Umgebung abzusuchen.

Er stand auf. „Elsken, wir müssen den Boden rund um die Hütte untersuchen, vielleicht …"

Elsken hob die Hand. „Still, da kommt jemand. Schnell, in die Ecke!"

Sie kauerten sich in einer der dunklen Ecken zusammen, während sich die Schritte von zwei Menschen der Hütte näherten. Vor der Öffnung hielten sie an.

„Dieser verdammte Mehlstaub", schimpfte eine dunkle Männerstimme. „Er kratzt im Hals und juckt mich auf der Haut. Das war eine blödsinnige Idee von dir, in der Mühle Arbeit zu suchen."

Ein zweiter Mann mit einer merkwürdig hohen Stimme antwortete. „Nun mal ruhig, Ortwin. Setz dich und trink etwas."

Jemand plumpste zu Boden. Glucksende Schluckgeräusche waren zu hören.

„Ah, jetzt geht es besser. Setz dich zu mir, Henrich. Die Pause haben wir uns verdient. Wir müssen so schnell wie möglich verschwinden, sonst verlangt der Müller, dass wir auch beim nächsten Getreidemahlen helfen."

„Langsam, Ortwin. Wir müssen zuerst erkunden, wo wir am Schloss eine Arbeit finden. Eben ist der Schmied aus der Freiheit gekommen, um sein Mehl zu holen. Lass uns ihn fragen, ob er von einer Arbeit beim Schlossbau für uns weiß. Wenn er uns kennt, kommen wir nicht als Fremde, und dann sind die Leute weniger misstrauisch. Schließlich sind wir nur zwei arme Tagelöhner." Der Mann, der offensichtlich Henrich hieß, lachte unangenehm gackernd. „Wir wissen auch nicht, ob der Astrologe schon da ist. Er sagt, wir brauchen den Vollmond, um unseren Plan auszuführen, doch das ist erst in zwei Nächten. Bis dahin haben wir Zeit, die Freiheit zu erkunden. Dann schnappen wir uns den verfluchten Grafen. Und dann", wieder ertönte das gackernde Lachen, „dann muss er zahlen. Ich sehe die Goldstücke schon vor mir. Unsere Landgräfin wird zufrieden sein. Wir evangelischen Hessen können uns für die Niederlage in Westfalen rächen, die wir diesem Grafen zu verdanken haben. Die Landgräfin kann viel Geld einstecken und wir auch!“

Erneut war das gackernde Lachen zu hören, in das Ortwin einstimmte.

Die Kinder hatten den Atem angehalten und Elsken schlug sich die Hände vor den Mund.

Plötzlich war die erboste Stimme des Müllers zu hören. „Ihr faules Pack, steht auf und helft beim Beladen des Wagens. Der Schmied kann nicht ewig warten! Auf, sag ich! Wofür gebe ich euch Essen!?“

„Auf deinen Brei gebe ich nichts. Steck mal ein Huhn auf den Spieß, dann arbeite ich“, brummte der Mann, der Ortwin genannt wurde, missmutig.

Bevor der Müller sich weiter empörte, hatte Henrich dem schlecht gelaunten Ortwin eine Hand auf die Schulter gelegt. „Ist gut, Müller, wir kommen. Ortwin meint das nicht so.“ Henrichs Stimme klang noch höher als vorher. „Wir sind dir für die Kost dankbar. Komm Ortwin, steh auf!“

Die Kinder hörten, wie Ortwin, weiter vor sich hin murrend, endlich aufstand. Die Männer entfernten sich von der Hütte.

Lisa, die sich an die Öffnung geschlichen hatte, sah sie zum Wagen des Schmieds gehen und Säcke mit Mehl aufladen. „Kommt, wir müssen hier verschwinden, bevor sie merken, dass wir in der Hütte sind!“

Elsken saß wie betäubt in der Ecke. Langsam ließ sie die Hände sinken. „Das waren Hessen. Die wollen den Grafen überfallen. Wir müssen es meinem Vater erzählen, sofort!“

Sie sprang auf.

„Warte, Elsken. Lisa hat Recht. Wir sollten uns zuerst aus der Hütte schleichen und von der Mühle verschwinden. Wenn wir deinem Vater hier erzählen, was wir gehört haben, können die Männer alles abstreiten. Wer weiß, ob man uns Kindern glaubt.“

„Ich weiß nicht“. Elsken zögerte erst, überlegte es sich dann aber doch anders. „Na gut“, meinte sie schließlich.

„Los, die Luft ist rein!“ Schon hatte Lisa sich durch die Öffnung gezwängt.

Elsken und Niki blieb nichts anderes übrig, als ihr zu folgen. Sie duckten sich hinter den Wagen und beobachteten, wie der letzte Sack aufgeladen wurde.

„Kinder!“ Der Schmied sah sich suchend um. „Kommt, es geht zurück. Danke, Müller, auf ein anderes Mal.“

Schnell kletterten Lisa, Elsken und Niki hinter den Schmied, der bereits die Zügel des Pferdes in der Hand hielt, auf den Wagen. Niemand beachtete sie. Die beiden Männer, Ortwin und Henrich, standen abseits und flüsterten miteinander. Niki versuchte, sich ihr Aussehen einzuprägen. Beide trugen einen dunklen Bart, der ihre Gesichter fast vollständig bedeckte. Wer war Henrich, wer war Ortwin? Sie waren fast gleich groß und trugen verschlissene Hemden und Hosen. Er könnte sie wohl nur an der Stimme unterscheiden.

Der Graf muss gerettet werden

An der Schmiede angekommen, sprangen die Kinder vom Wagen.

„Kommt in den Ziegenstall. Da können wir uns besprechen“, rief Lisa und lief bereits zum Stall.

Elsken und Niki folgten ihr eilig. Im Stall setzten sie sich auf einen Strohhaufen, während Lisa aufgeregt vor ihnen auf- und ablief. Ihre Augen glänzten.

„Das ist super spannend, so wie ein Krimi. Und nur wir wissen davon“, sprudelte es aus ihr heraus. „Wisst ihr was? Wir müssen verhindern, dass der Graf überfallen wird. Wir retten den Grafen!“

Niki schüttelte den Kopf. Er sah Lisa ungläubig an. Wie konnte sie einen so gefährlichen Vorschlag machen? Das war nicht mutig, sondern riskant. Dachte sie gar nicht an die Menschen in der Freiheit und an Elskens Familie? Ihm schwindelte bei der Vorstellung, was alles geschehen könnte, wenn fremde Soldaten in die Freiheit eindrangen.

„Wenn wir nichts sagen, kann das für Elsken und alle Familien in der Freiheit gefährlich werden. Denk doch mal nach, Lisa! Wenn die Hessen den Grafen überfallen wollen, sind das nicht nur die beiden Männer von der Mühle. Es kommen bestimmt noch mehr hessische Soldaten in die Freiheit. Vielleicht wird dann gekämpft und es gibt Verletzte. Das können wir nicht riskieren. Nein, wir müssen mit Elskens Vater sprechen und der dann mit Graf Alexander.“

Elsken nickte. „Ja. Es wäre dumm, den Grafen nicht zu warnen.“

Lisa lief immer noch hin und her. Schließlich blieb sie vor Elsken und Niki stehen. Ihre Augen blitzen. „Ich habe schon viele Bücher gelesen, in denen Kinder einen Dieb fangen oder andere gefährliche Abenteuer überstanden haben. Wir schaffen das auch!“

Niki seufzte. Wie unvernünftig Lisa war. Er kam sich schlagartig viel älter vor als sie. Erkannte sie nicht die Bedrohung für die Menschen, die hier wohnten? Und es war ja auch nicht so, dass sie selbst keine anderen Probleme hatten. Viel dringender mussten sie überlegen, wie sie zurückkehren konnten. Wirklich wichtig war doch, das Zeitloch zu finden. Er wünschte sich Malte und Lars herbei. Die waren wenigstens nicht so aufbrausend wie Lisa. Mit seinen Freunden hätte er bestimmt herausgefunden, wie sie zurückkehren konnten. Niki seufzte wieder.

„Nein, Lisa, das machen wir nicht“, widersprach er. „Wir müssen an die Leute aus der Freiheit denken und an den Grafen. Und wir beide müssen unbedingt einen Weg nach Hause finden.“

„Dass du eine Schlafmütze bist, wusste ich schon, und jetzt bist du auch noch feige“, fauchte Lisa.

Niki spürte, dass er wütend wurde. Er sprang auf und hätte Lisa am liebsten geschüttelt, als Elsken zwischen sie trat.

„Wenn ihr euch streitet, hilft uns das auch nicht. Wir gehen jetzt ins Haus zum Essen, danach rede ich mit meinem Vater.“ Entschlossen lief sie aus dem Stall und durch die Hintertür ins Haus.

Niki warf Lisa noch einen bösen Blick zu und stapfte hinter Elsken her.

„Ihr seid Feiglinge“, maulte Lisa leise vor sich hin, „Feiglinge.“

Schließlich folgte sie den anderen ins Haus.

Am Tisch warteten die Erwachsenen schon auf sie. Niki warf einen Blick auf die Schüssel, die dort stand. Leichte Dampfwolken stiegen aus ihr hoch. Es gab wieder Suppe. Was würde er für einen Hamburger mit Pommes geben!

„Hast du keinen Hunger?“ Die Großmutter sah ihn fragend an.

„Doch, doch.“ Niki griff nach seinem Löffel und begann zu essen.

Der Schmied war kaum fertig mit seinem Essen, als er auch schon aufstand und das Haus verließ. Elsken und Niki beendeten ihre Mahlzeit hastig und folgten ihm. Lisa schloss sich ihnen rasch an. Schmied Bitter stand in der Tür der Schmiede und rauchte eine Pfeife.

Elsken lief auf ihn zu. „Vater, Vater, ich muss dir etwas erzählen.“

Der Schmied lächelte die Kinder an. „Was gibt es, Elsken?“

Elsken hatte bereits den Mund geöffnet, um vom geplanten Überfall auf den Grafen zu erzählen, als hinter ihr eine hohe Stimme ertönte. Niki wurde blass. Er hatte die Stimme erkannt. Das war Henrich!

„Meister Bitter, auf ein Wort.“

Elsken klammerte sich an den Arm des Schmieds. „Vater, hör mir zu, das sind zwei Hessen, sie wollen den Grafen …“

„Später, Elsken, und lass meinen Arm los!“ Ungeduldig schob der Schmied sie von sich weg.

Niki starrte Henrich und den anderen Mann an. Tatsächlich, es waren die Männer aus der Mühle, Henrich und Ortwin. Er zog Elsken ein kleines Stück mit sich und legte ihr einen Finger auf den Mund. Auch Lisa hatte sich zu Elsken und Niki gesellt. Mit angehaltenem Atem lauschten sie.

„Wir suchen Arbeit, Meister Bitter. Der Müller hat keine mehr für uns“, sprach Henrich in schmeichelndem Ton weiter. „Er meint, beim Schlossbau werden immer fleißige Leute gesucht. Und das sind wir. Wir haben Euch beim Aufladen des Mehls geholfen, erinnert Ihr Euch? Der Müller meint, Ihr seid ein geachteter Mann in der Freiheit. Ihr könnt uns bestimmt helfen.“

„Nun“, der Schmied sah ihn prüfend an, „es ist wohl richtig, dass beim Schlossbau immer tüchtige Leute gebraucht werden. Aber ich kann euch nicht helfen. Geht zu Meister Jacob und Meister Johann, den Baumeistern, vielleicht haben sie Arbeit für euch.“

Henrich und Ortwin machten eine tiefe Verbeugung.

„Danke, Meister Bitter, das werden wir“, dankte Henrich. „Wir sagen den Baumeistern, dass Ihr uns schickt.“

Plötzlich war in der Freiheit das Rumpeln und Poltern von Wagen zu hören. Mehrere Leiterwagen, die von Ochsen gezogen wurden, hielten auf die Schmiede zu. Lambert und Wilhelm erschienen in der Tür der Schmiede.

„Das Eisen aus Wesel, Vater. Endlich!“, rief Wilhelm.

Elsken hängte sich an den Arm des Vaters. „Bitte, Vater. Ich muss dir was erzählen. Die beiden Männer sind Hessen, unsere Feinde, sie wollen den Grafen entführen. Bitte, du musst mich anhören!“, sprudelte es aus ihr hervor.

Doch der Schmied hatte ihr wieder nicht zugehört, sondern beobachtete die ankommenden Wagen.

Er schüttelte Elskens Hand ab. „Nun geh, Elsken. Ich habe keine Zeit für dich“, sagte er unwirsch.

Elskens weitere Versuche, ihm vom Plan der beiden Männer zu erzählen, blieben unbeachtet.

Sie sah Niki und Lisa ratlos an. „Was sollen wir nur machen?“

„Lass uns in den Ziegenstall gehen, da können wir uns ungestört beraten“, schlug Niki vor.

Im Stall setzten sie sich wieder auf den Strohhaufen.

„Jetzt müssen wir etwas tun“, sagte Lisa entschieden.

„Nein, lasst uns erst einmal nachdenken.“ Niki sah die beiden Mädchen ernst an. „Dein Vater hat keine Zeit, uns anzuhören, Elsken. Dann müssen wir eben direkt mit dem Grafen sprechen und ihn warnen. Oder kennst du jemanden, der uns helfen kann, ihn zu alarmieren?“

Elsken überlegte. „Nein. Mein Bruder wird uns nicht glauben und meine Großmutter ist zu alt.“

„Ich sage doch, dass wir das selbst übernehmen müssen.“ Lisa schaute Elsken und Niki strahlend an. Sie war einfach nicht aufzuhalten. „Der Graf wird uns nicht vertrauen. Also müssen wir erst einmal einen Plan machen. Uns fällt bestimmt was ein. Immerhin sind wir zu dritt!“

Niki sah Lisa irritiert an. Sie meinte das tatsächlich ernst. Als ob das alles bloß ein abenteuerliches Spiel wäre. Wenn er doch seinen Opa fragen könnte, was sie machen sollten! Die Gedanken in Nikis Kopf fuhren Achterbahn. Natürlich konnten sie es nicht zulassen, dass der Graf überfallen wurde, doch was könnten sie, drei Kinder, schon gegen sie ausrichten? Was, wenn weitere Soldaten in die Freiheit kamen? Wie könnten sich die Menschen vor ihnen schützen? Und wer war eigentlich der Astrologe, den die beiden Männer an der Mühle erwähnt hatten?

„Weißt du, wen Henrich und Ortwin mit dem Astrologen gemeint haben, Elsken?“.

Elsken nickte. „Ich glaube schon. Der Graf glaubt an Horoskope, die ihm sein Astrologe stellt. Er heißt Herman Werthman und kommt immer kurz vor Vollmond in die Freiheit. Dann steigt er mit dem Grafen auf den Sterndeuterturm und sie beobachten die Sterne.“

„Den müssen sie gemeint haben! Ich glaube, er hat den Grafen verraten und ist zu den Hessen übergelaufen.“ Lisa klatschte in die Hände.

„Wir müssen mehr herausbekommen.“ Auch Elsken war jetzt aufgeregt.

Niki dachte angestrengt nach. Stellte ein Astrologe nicht Horoskope? Ihm fiel Omas Geschichte ein. In Alexanders Horoskop hatte etwas von einer Gefahr gestanden, aber war er nicht gerettet worden? Niki versuchte, sich zu erinnern. Da war doch auch ein Kind erwähnt worden, oder? Nein, er konnte sich an die Einzelheiten nicht mehr erinnern. „Wir werden versuchen, mit dem Grafen zu reden.“ Niki gab nicht nach. Der Graf musste gewarnt werden.

Zwar bekam er schon nur bei dem Gedanken an ein weiteres Zusammentreffen mit Alexander Magenschmerzen, aber sie konnten nicht zulassen, dass der Graf in Lebensgefahr geriet, obwohl sie ihn hätten warnen können. Außerdem: es war wichtig, Elskens Familie zu beschützen. Das waren sie Elsken und ihren Eltern, die sie bei sich aufgenommen hatten, schuldig. Einfach abwarten, nein, das konnten sie nicht.

„Bis wir ihn treffen, müssen wir Henrich und Ortwin beobachten. Das können wir aber nur an der Baustelle. Wie wäre es, wenn auch wir die Baumeister fragen, ob sie eine Arbeit für uns haben? Wir können erzählen, dass wir uns ein wenig Geld verdienen müssen, um uns wieder auf die Suche nach unseren Eltern zu machen."

„Ja, das ist eine gute Idee, aber wir müssen vorsichtig sein. Wenn mein Vater erfährt, dass wir auf dem Bauplatz waren, bekommen wir großen Ärger", meinte Elsken zaghaft. „Aber wir haben nicht viel Zeit, den Grafen vor seiner Entführung zu warnen. Ich habe so große Angst, dass fremde Soldaten in die Freiheit kommen. Was soll dann aus meiner Familie werden? Was sollen meine Freunde dann machen? Nur noch zwei Nächte, dann ist Vollmond! Wenn wir nichts tun, ist es zu spät."

Der Astrologe kommt

„Elsken, Elsken, wo bist du?“ Die Stimme der Mutter klang ungeduldig. Sie stand in der Küchentür und sah sich suchend um.

Elsken lief eilig auf sie zu und bekam einen Korb in die Hand gedrückt.

„Lauft und sammelt Beeren, dann füttern wir die beiden wenigstens nicht umsonst durch.“

Gehorsam nahm Elsken den Korb und winkte Lisa und Niki zu sich. „Wir gehen am Schloss vorbei“, flüsterte sie. „Vielleicht sehen wir den Grafen.“

Vorsichtig schlichen sie über die Zugbrücke. Im Durchgang der Vorburg spähten sie auf den Schlosshof. Hoffentlich würden sie auf den Grafen treffen, dachte Niki, aber der war nicht zu sehen. Kaum wollten sie mit ihm sprechen, löst er sich Luft auf, ärgerte er sich.

Elsken deutete auf zwei Männer in Lederwesten und einfachen Hosen, die mit Pater Michael an einem Tisch standen, auf dem ein großer Plan ausgebreitet war. Entschlossen lief sie auf die Männer zu. Die blickten erstaunt auf, als die drei Kinder vor ihnen standen.

„Pater Michael, Meister Jacob und Meister Johann“, begann Elsken.

Niki unterbrach sie und trat entschlossen einen Schritt vor. „Ich bin Nikolaus und das ist meine Schwester Lisa. Wir suchen unsere Eltern, die wir im Krieg verloren haben.“

Niki erzählte ihre Geschichte. „Bitte, könnt ihr uns Arbeit geben, damit wir uns für die Weiterreise etwas verdienen können?“

Die Männer sahen sie nachdenklich an.

Pater Michael legte eine Hand auf Nikis Schulter. „Es ist schlimm, dass eure Eltern vermisst werden. Aber eine Baustelle ist für Kinder gefährlich, die Arbeit ist schwer und kann nur von Männern geleistet werden. Außerdem arbeiten hier keine Mädchen“. Er lächelte Elsken an. „Im Haus, im Garten und auf dem

Feld gibt es so viel Arbeit. Deine Mutter wird froh sein, wenn sie zwei Gehilfen hat."

Lisa war ungeduldig von einem Fuß auf den anderen getreten. „Wir sind stark", sprudelte sie hervor. „Hier, schauen Sie mal meine Muskeln", sie spannte den rechten Arm an.

Niki seufzte. Konnte Lisa nicht einmal den Mund halten!

Die drei Männer lachten.

„Da sind wir aber beeindruckt", spottete Meister Jacob. „Aber Mädchen auf einer Baustelle, nein."

„Bitte, bitte! Wir könnten Botengänge machen oder Wasser für die Arbeiter holen", bettelte Lisa. „Wir brauchen doch das Geld."

Die Männer schauten sich unschlüssig an.

„Sie könnten Nägel sortieren und Werkzeug säubern", meinte Meister Jacob schließlich.

Meister Johann nickte. „Lasst es uns versuchen."

Bevor sie sich bedanken konnten, ertönte eine bekannt erboste Stimme hinter ihnen.

„Schon wieder diese Kinder! Was geht hier vor? Verschwindet von meiner Baustelle! Hinaus aus meiner Freiheit!"

Der Graf stand hinter ihnen, die Zornesröte im Gesicht, und er wies auf den Durchgang der Vorburg.

Lisa und Niki erstarrten. Die Baumeister verneigten sich tief.

Nur Pater Michael blieb aufrecht vor dem Grafen stehen. „Exzellenz, Graf Alexander, bitte, hört mir zu. Ich habe die Geschichte der Kinder gehört. Ihnen muss geholfen werden. Lasst sie sich ein wenig Geld verdienen, damit sie weiterziehen können. Die Meister werden auf sie achten, sie werden Euch nicht stören. Wir brauchen noch Handlanger, sie können kleine Arbeiten verrichten."

Erwartungsvoll sah er den Grafen an, doch der schüttelte unbeugsam den Kopf. Niki schluckte. Er verspürte plötzlich ein Zittern im Bauch, ihm wurde heiß und sein Atem ging schneller. Er musste all seinen Mut zusammennehmen, um den Grafen anzusprechen.

„Graf Alexander, ich … wir … die Hessen … sie wollen … zwei Männer … Baustelle.“ Was war nur los, sonst stotterte er doch nicht! Er rang nach Atem und nahm erneut Anlauf. „Entführer sind in der Freiheit, Sie sind in Gefahr“, stieß er hervor.

Der Graf sah ihn erst verblüfft an, dann lachte er schallend und wurde schließlich zornig. „Was erzählst du da? Ich bin der Graf von Velen, General seiner Majestät des Kaisers. Niemand wagt es, mich anzurühren! Blitz und Donner sollen über die kommen, die es versuchen!“ Seine Stimme wurde immer lauter. „Kinder sollen ihren Mund halten und keine Lügen erzählen! Nur weil ihr in der Freiheit bleiben wollt, lasse ich mir keine Märchen erzählen. Weg mit euch!“

Niki war bei den Worten des Grafen erschreckt zusammengezuckt. Er wagte es nicht, noch etwas zu sagen. Warum glaubten diese Erwachsenen hier Kindern nicht! Vielleicht könnte der Pater helfen? Niki fühlte eine bleierne Schwere im Bauch und einen großen Kloß im Hals, der immer größer wurde. Sie wollten doch nur vor der Gefahr warnen.

Aber bevor ihm etwas einfiel, hörten sie von der Zugbrücke das Traben eines Pferdes. Der Reiter, ein kleiner Mann in einem dunklen Umhang, trug knielange, rote Pumphosen und enge, helle Stiefel, die unterhalb des Knies endeten. Er zügelte das Pferd vor dem Grafen und zog mit einer ausladenden Geste einen übergroßen Schlapphut vom Kopf, der gleich mit mehreren Federn geschmückt war. Noch auf dem Pferd sitzend, verbeugte er sich. Schließlich ließ er sich langsam aus dem Sattel gleiten.

Das Gesicht des Grafen hatte sich aufgehellt. „Werthman“, rief er, „ich habe euch bereits erwartet. Kommt, lasst sehen, wie meine Sterne stehen.“

Er winkte dem Reiter, der sich erneut verbeugte, ihm zu folgen.

„Exzellenz“. Pater Michael wies auf die Kinder. „Was geschieht nun mit ihnen?“

Der Graf wandte sich ihnen unwillig zu. „Lasst sie arbeiten. Wenn sie Unfug treiben und stören, müssen sie verschwinden. Ich habe Wichtigeres zu tun.“

Niki, Lisa und Elsken sahen sich entsetzt an. Was sollten sie jetzt tun? Warum wollte der Graf nicht zuhören?

Pater Michael lächelte. „So ist das mit mächtigen Männern. Sie hören nicht auf Kinder oder Bedienstete. Nun, dann macht euch nützlich, und“, er hob mahnend eine Hand, „erzählt keine Geschichten, die den Grafen ärgern. Geht ihm aus dem Weg. Ich weiß nicht, ob ich noch einmal etwas für euch tun kann. Du“, er zeigte auf Niki, „Meister Jacob zeigt dir, was du tun kannst.“

Niki versuchte es noch einmal. „Aber es ist wahr! Wir lügen nicht, der Graf ist in Gefahr!“

Doch Pater Michael hatte sich bereits abgewandt. Hilflos blickten die Kinder ihm nach.

„Was machen wir jetzt?“ Elskens Stimme zitterte.

„Wir versprechen uns, den Grafen zu retten!“ Lisa überschlug sich fast vor Begeisterung.

Sie hielt ihnen ihre rechte Hand hin. Elsken schlug schließlich ein und auch Niki gab ihnen nach einigem Zögern resigniert seine Hand. Auch wenn niemand auf ihre Warnung hören wollte, mussten sie an die Freiheiter denken, besonders an Elskens Familie! Niki fühlte sich hilflos. Jetzt mussten sie sich nicht nur darum kümmern, einen Weg nach Hause zu finden, sondern hatten auch noch die Rettung des Grafen am Hals. Er hatte keine Ahnung, wie sie das anstellen sollten. Aber sie durften die Familien in der Freiheit nicht der Gefahr überlassen, die ihnen drohte. Niki atmete schwer aus.

„Lisa und ich sammeln schnell noch Beeren für meine Mutter, dann kommen wir auch.“

Elsken zog Lisa über die Zugbrücke, während Niki von Meister Jacob zu einer großen Holzkiste geführt wurde, in der Nägel verschiedener Größe lagen.

„War das eben der Astrologe?“, fragte Niki neugierig.

Meister Jacob nickte. „Ja, der Stutzer kommt jeden Monat. Dann erzählt er dem Grafen, ob die Sterne für ihn günstig oder ungünstig stehen und der richtet sich danach. Wir mussten mit dem Schlossbau einen ganzen Monat später beginnen, weil er den richtigen Zeitpunkt in den Sternen gesehen hat". Meister Jacob schüttelte den Kopf. „Nun, Junge, ordne die Nägel nach ihrer Größe."

Immer noch kopfschüttelnd ging der Meister zu Pater Michael und Meister Johann zurück, die sich wieder über den Plan gebeugt hatten.

Niki sah sich um. Er bemerkte Ortwin und Henrich, die mit Sand gefüllte Holzeimer über den Hof an ihm vorbeitrugen. Sie blieben stehen und blickten zum Grafen, der mit dem Astrologen im Eingang des Sterndeuterturms verschwand.

„Das ist er. Der Astrologe ist da." Henrichs hohe Stimme klang aufgeregt.

„Ja, wir müssen uns heute Nacht mit ihm treffen. Dann besprechen wir alles. Dann ist der Graf fällig. Im Pferdestall sind wir ungestört. Eine bessere Schlafstelle hätten wir nicht bekommen können. Komm, lass uns überlegen, wie wir dem Astrologen die Mitteilung zukommen lassen können." Ortwin hatte leise gesprochen, sodass es Niki einige Mühe kostete, ihn zu verstehen. Du", sagte der Mann nun lauter und sah Niki an, „willst du dir einen Groschen verdienen?"

Niki nickte eifrig.

„Wenn der Mann mit dem großen Schlapphut und der roten Hose wieder aus dem Turm kommt, gehe zu ihm und sage: *Um Mitternacht im Pferdestall.* Aber so, dass kein anderer mithören kann. Kannst du das behalten?"

Niki nickte wieder und hielt Ortwin gleichzeitig die offene Hand hin.

„Nee, nee, den Groschen bekommst du erst, wenn du meinen Auftrag ausgeführt hast", Ortwin grinste, „damit du es auch wirklich machst."

Niki sah Ortwin empört an. Dieser Mann war ein Betrüger. Na warte, dachte Niki, du denkst, ich bin nur ein Kind und harmlos? Dir werde ich es zeigen. Er wandte sich wieder der Nagelkiste zu und begann, die Nägel nach ihrer Größe zu sortieren. Gleichzeitig versuchte er, die Tür des Treppenturms im Auge zu behalten.

Es verging eine ganze Stunde, bis sich die Tür öffnete und der Graf und der Astrologe auf den Schlosshof traten. Während Alexander mit den Baumeistern sprach, ging der Astrologe zu seinem Pferd, das von einem Diener des Grafen gestriegelt wurde. Er begann, in der Satteltasche zu kramen, die auf dem Boden lag. Niki schlenderte langsam und vorsichtig in seine Richtung, damit der Graf nicht auf ihn aufmerksam wurde. Gerade als der Astrologe ein kleines Heft hervorzog, hatte er ihn erreicht. Niki ging dicht an ihm vorbei, täuschte vor zu stolpern und hielt sich mit einer Hand am Ärmel des Mannes fest. Der Astrologe schüttelte ihn ab.

„Hau ab, mein Junge", brummte er.

„Um Mitternacht im Pferdestall", zischte Niki.

Der Astrologe sah sich hastig um. Dann grinste er und fuhr Niki durch die Haare. „Brav, mein Junge, brav. Ich verstehe."

Immer noch grinsend ging er auf den Grafen zu, während Niki sich schnell hinter dem Pferd versteckte. Als er sah, dass beide in den Sterndeuterturm zurückgingen, lief er zur Nagelkiste und begann wieder mit seiner Arbeit. Ortwin und Henrich schleppten wieder Sandeimer an ihm vorbei. Niki hob die Hand und winkte Ortwin zu. Der kam prompt zu ihm herüber.

„Nun, was gibt es? Hast du meinen Auftrag erledigt?"

„Ja, um Mitternacht im Pferdestall, er weiß es. Das war der Astrologe, stimmt das? Woher kennst du ihn?"

„Was geht das dich an?" Ortwin betrachtete ihn misstrauisch.

„Nichts, nichts, ich frag eben nur. Wo bleibt jetzt mein Groschen?"

Niki hielt Ortwin herausfordernd die Hand hin.

„Frag morgen noch mal, jetzt hab ich nichts. Wer so neugierig ist, muss warten."

Ortwin wandte sich wieder seinem Eimer zu. Bevor Niki etwas sagen konnte, standen Elsken und Lisa neben ihm.

„Das ist nicht nur ein Entführer, sondern auch ein Betrüger", schimpfte Niki über Ortwin und stampfte vor Empörung mit dem Fuß auf. Dann erzählte er den beiden Mädchen kurz, was geschehen war.

Lisa bekam eine steile Falte auf die Stirn, ihre Augen funkelten wie ein Feuerwerk. „Wir schleichen heute Nacht in den Stall und belauschen sie. Mensch, das wird spannend!"

Niki schüttelte den Kopf. „Nein, Lisa, lass mich das alleine machen. Zwei können schneller entdeckt werden. Wenn ich mich in Gefahr bringe, reicht das."

Niki sah Lisa unsicher an. Wie könnte er ihr verständlich machen, dass es gefährlich war sie mitzunehmen, weil sie manchmal so unüberlegt handelte? Doch bevor Lisa antworten konnte, stand Meister Jacob neben ihnen.

„Nun, Kinder, was macht die Arbeit?" Er klatschte in die Hände. „Trödelt nicht herum, die Kiste muss heute fertig sortiert sein."

Niki nickte und fasste Lisa am Arm. Sie wollte sich losreißen, besann sich dann aber und begann wortlos mit der Arbeit.

„Wir reden später, Lisa. Bitte, nicht jetzt", sagte er.

Es war nicht zu übersehen. Lisa war wütend auf ihn. Sie sah ihn nicht an und antwortete nicht. Elsken seufzte und half ihnen wortlos.

Zur Abendbrotzeit kam Meister Jacob zu ihnen. Nach einem zufriedenen Blick in die Kiste lächelte er.

„Das habt ihr gut gemacht. Alles ist sortiert. Wer so fleißig ist, soll auch seinen verdiente Lohn haben. Hier", er griff in seine Tasche und zog drei Geldstücke heraus, „einen Groschen für jeden von euch."

„Für mich auch? Danke!" Elsken freute sich.

Lisa hatte sich umgedreht und lief über die Zugbrücke in die Freiheit. Niki sah ihr nach. Das konnte heiter werden. Jetzt war sie wohl so richtig böse auf ihn. Hoffentlich wurde sie nicht unvorsichtig. Langsam folgte er ihr mit Elsken.

Der Plan der Entführer

Beim Abendessen löffelten die Kinder schweigend ihren Brei.

Die Großmutter lächelte sie an. „Ja, so ein ganzer Arbeitstag ist anstrengend. Ihr seid bestimmt sehr müde."

„Ja, Großmutter, wir werden bald zu Bett gehen. Aber ich hole noch die Ziegen in den Stall." Elsken stupste Niki an, der nickte.

„Ja, klar, wir helfen dir."

Beide standen auf und sahen Lisa auffordernd an. Die erhob sich langsam und trottete hinter ihnen her.

Nachdem sie die Ziegen in den Stall getrieben hatten, setzten sie sich in das Stroh. Lisa sah mürrisch vor sich hin.

„Lisa, versteh doch: wir können uns nicht alle im Pferdestall verstecken. Wenn sie uns erwischen, ist es aus. Lass es mich allein machen. Ich werde mich um elf Uhr in den Stall schleichen, dann habe ich genug Zeit, mich zu verstecken." Niki sah sie bittend an.

Elsken nickte. „Lass es ihn machen, Lisa. Wir können nicht alle lauschen. Hauptsache, wir erfahren ihren Plan."

Lisa starrte beide böse an. Dann lachte sie plötzlich kurz auf und lächelte. Ihre Augen waren ganz dunkel geworden. Sie blickte kurz zu Niki und Elsken und nickte. „Okay, wenn ihr meint."

„Du bist also mit unserem Plan einverstanden?" Niki blieb skeptisch.

„Ja, du schleichst in den Stall und belauschst die Entführer. Elsken und ich schlafen."

Niki musterte Lisa immer noch zweifelnd. So schnell hatte er nicht mit ihrer Zustimmung gerechnet. Aber vielleicht sollte er nicht so misstrauisch sein, denn Lisa klang plötzlich ganz vernünftig.

Elsken war aufgestanden. „Ich bin müde. Lasst uns in die Schlafkammer gehen."

In der Schlafkammer ließ Niki sich auf seinen Strohhaufen fallen. Hoffentlich schlief er nicht ein, so geschafft wie er von der ungewohnten Arbeit war.

„Hoffentlich merke ich, wann elf Uhr ist“, flüsterte er Lisa zu.

Die zog triumphierend ihre Armbanduhr unter ihrem Strohhaufen hervor. Niki bekam einen Schrecken. Lisa hatte die Uhr nicht bei ihren anderen Sachen versteckt! Das war so leichtsinnig und typisch Lisa. Wenn jemand sie bemerkt hätte! Aber jetzt konnte er sie natürlich gut brauchen. Widerstrebend zog er sie an. Durch das kleine Fenster fiel kaum noch Licht in den Raum. Er hörte nur die Atemgeräusche der anderen. Langsam fielen ihm die Augen zu. Dann schreckte er auf. Ich darf nicht einschlafen, ich darf nicht einschlafen. Niki sagte sich den Satz in Gedanken immer wieder, doch schließlich fielen ihm die Augen zu.

Ein Geräusch ließ ihn hochschrecken. Verflixt, er war doch eingeschlafen! Im Mondlicht, das durch das Fenster fiel, sah er auf die Armbanduhr. Es war kurz nach elf Uhr. Er war noch rechtzeitig aufgewacht. Niki stand leise auf. Er schlich die Treppe hinunter, deren Stufen verdächtig knarrten. Mit angehaltenem Atem blieb er am Fuß der Treppe stehen und lauschte. War da etwas? Er meinte von oben einen Laut gehört zu haben. Nein, da war nichts. Vorsichtig öffnete er die Haustür und lief durch die Freiheit auf den Schlosshof.

Es war fast Vollmond. Keine Wolke war zu sehen, so dass er sich schnell orientieren konnte. Die Tür des Pferdestalls war einen Spalt geöffnet. Behutsam zog er sie ein kleines Stück weiter auf und schlüpfte hinein. Niki blieb stehen und horchte. Das Schnauben der Pferde war zu hören. Außerdem ertönte auf seiner Linken das Schnarchen zweier Männer. Niki freute sich. Ortwin und Henrich waren also auch eingeschlafen. Durch die schmalen Fenster fiel ein wenig Licht in den Stall. Rechts von sich erkannte er einen großen Stapel Holz. Er beschloss, sich dahinter zu verstecken. Von hier müsste er alles verstehen können, was gesprochen wurde, außerdem hatte er die Tür in seiner Nähe. Niki schob sich hinter den Stapel, die Stallmauer im Rücken. Lange würde er bestimmt nicht mehr auf den Astrologen warten müssen.

Plötzlich wurde die Stalltür leise geöffnet, ein Strahl des Mondlichts fiel auf den Stallboden. War der Astrologe zu früh? Dann hörte er eine leise Stimme.

„Niki? Wo bist du?“

Niki erstarrte. War das möglich? Das war Lisa. Sie war ihm gefolgt! Deshalb war sie so schnell mit dem Plan einverstanden gewesen! Niki wurde vor lauter Zorn schwindelig. Aber ihm blieb nichts anderes übrig. Er kroch hinter dem Holzstapel hervor und schlich, so leise er konnte, zur Tür. Er packte Lisas Hand und zog sie stinksauer zu sich hinter das Holz. Ortwin und Henrich durften nicht aufwachen! Er hielt Lisa die Hand vor den Mund und funkelte sie mit grimmigen Augen an.

Lisa schien zufrieden zu sein. Sie schob seine Hand weg und drückte sich eng hinter den Stapel. Na warte, dachte Niki.

Kurze Zeit später wurde die Tür erneut geöffnet. Die Person, die den Stall betrat, bemühte sich nicht besonders, leise zu sein.

Plötzlich hörten sie die Stimme des Astrologen. „Aufwachen! Seid ihr Soldaten oder Schlafmützen. Aufwachen!“

„He, was fällt dir ein, mich zu treten.“ Das war Henrichs hohe Stimme.

„Nun kommt schon.“ Der Astrologe klang ungeduldig. „Morgen ist Vollmond, wir haben nicht mehr viel Zeit. Ich habe mir den Sterndeuterturm heute noch einmal genau angeschaut. Wenn ihr den Treppenturm betretet, ist auf der linken Seite eine Gittertür, die führt zum Verlies. Es ist leer. Eine Eisenkette mit einem Schloss sperrt es zu. Zerstört das Schloss. Wenn es dunkel wird, versteckt euch im Verlies und wartet, bis ich mit dem Grafen auf den Turm steige. Dann folgt ihr uns. Aus dem Holländischen habe ich eine neue Erfindung mitgebracht. Sie nennt sich Fernrohr. Es hat mich viele Reichstaler gekostet. Der Graf hat so etwas noch nie gesehen. Die Sterne leuchten viel klarer und größer, wenn er hindurchsieht. Ich kenne ihn, er wird nur noch begeistert auf die Sterne achten und seine Umgebung vergessen. Dann schnappt ihn euch und fesselt ihn, Seile findet ihr auf der Baustelle. Denkt daran auch mich zu fesseln, schließlich soll niemand wissen, dass ich euch helfe. Habt ihr Waffen?“

„Die bekommen wir. Die Zugbrücke über den Graben vor der Freiheit wird nachts nicht hochgezogen, weil so viele Fuhrwerke zur Baustelle kommen. Sie wird nur von einem Söldner bewacht. Den schnappen wir uns, dann kann er uns nicht gefährlich werden. Morgen kommen unsere Soldaten, die bringen einen Leiterwagen, Waffen und Schießpulver. Und wir haben unsere Messer. Die Soldaten verstecken den Leiterwagen, damit bringen wir den Grafen weg. Und dann muss er bezahlen, wenn er wieder frei sein will. Er hat so viel Geld im Krieg verdient. Schaut euch das Schloss an! Was das alles kostet! Davon will unsere Landgräfin ihren Anteil haben und unsere Niederlage in Westfalen ist gerächt!“ Ortwin klang drohend, „Und wenn er nicht zahlt, ergeht es ihm schlecht.“

„Gut, gut. Denkt nur daran, mir meinen versprochenen Lohn zu geben.“

„Keine Sorge, Astrologe, was unsere Landgräfin verspricht, hält sie auch.“

Lisa war unruhig geworden. Offenbar war ihr rechter Fuß eingeschlafen. Um das kribbelnde Gefühl zu vertreiben, bewegte sie ihn und her.

„Was war das? Habt ihr das Geräusch gehört?“ Der Astrologe unterbrach Ortwin.

Lisa und Niki hielten den Atem an. Waren sie entdeckt worden?

„Keine Angst, Astrologe. Was soll das schon sein? Vielleicht spielen Mäuse im Stroh. Nur die Pferde können uns hören und die verraten uns nicht“, meinte Henrich spöttisch.

„Seid nicht unvorsichtig. Ihr dürft den Grafen nicht unterschätzen. Er ist ein erfahrener Soldat. Wenn er misstrauisch wird, können wir den Plan vergessen.“ Der Astrologe klang ernst. „Dann wird es für uns gefährlich.“

„Wir wissen, was wir machen. Und nun geh. Wir wollen noch

schlafen, bis wir wieder auf dieser verfluchten Baustelle schuften müssen.“ Ortwin war gereizt.

Der Astrologe drehte sich wortlos um und verließ den Stall.

„Das ist ein Waschlappen“, brummte Ortwin, „wir sind schließlich Soldaten und keine Hasenfüße. Lass uns schlafen, Henrich.“

Die Männer verstummten.

Lisa und Niki sahen sich an. Niki legte einen Finger auf den Mund.

Nach einer Weile hörten sie einen lauten Schnarcher. Sie lauschten noch einige Minuten, dann schlichen sie zur Tür. Es gelang ihnen, sie lautlos zu öffnen. Auf dem Schlosshof schaute sich Niki um. Niemand war zu sehen. Er ergriff Lisas Hand und sie rannten, so schnell sie konnten, zurück.

Niki war immer noch wütend. Warum war Lisa immer so vorlaut und gedankenlos? Er nahm sich vor, morgen mit ihr zu sprechen. Er mochte Lisa, aber er konnte sich nicht so auf sie verlassen wie auf Malte und Lars. Warum musste sie auch so unüberlegt sein? Sehnsüchtig dachte er an seine Freunde. Ob er sie jemals wiedersehen würde?

Als Niki eine halbe Stunde später unter seiner Decke lag, glaubte er, vor Aufregung nicht einschlafen zu können. Aber dann fielen ihm doch die Augen zu.

Die Gefahr kommt näher

Lisa und Elsken waren schon aufgestanden, als Niki aufwachte. Sofort fiel ihm der Plan der Entführer ein, von dem sie gestern erfahren hatten. Er schnappte sich seine Hose und den Kittel und zog sie schnell an. Am Brunnen kurbelte er wieder einen Eimer Wasser herauf und wusch sich flüchtig. Da die Familie bereits um den Tisch versammelt war, schlüpfte er neben Lisa auf die Bank. Elsken tauchte bereits ihren Löffel in die Schüssel.

Sie strahlte ihn an. „Heute gibt es Hirsebrei, den mag ich viel lieber als Haferbrei!"

„Ja, unser Elsken ist ein Leckermäulchen. Halte dich ran, mein Junge." Der Schmied zwinkerte Niki zu.

Niki blinzelte zu Lisa, die ihn nicht ansah. Hoffentlich hat sie ein schlechtes Gewissen, dachte er.

„Wir arbeiten heute wieder auf der Baustelle", verkündete Elsken.

Ihr Vater nickte. „Gut, wenn der Graf einverstanden ist, habe ich nichts dagegen. Aber vergiss deine anderen Aufgaben nicht. Die Ziegen musst du versorgen."

Das war das Stichwort für Niki. Er stand schnell auf, winkte Elsken und Lisa ihm zu folgen und verschwand durch den Garten im Ziegenstall. Elsken und Lisa ließen sich neben ihn im Stroh nieder. Niki blickte vor sich hin. Es war so ermüdend, Lisa immer wieder zu bremsen. Warum ist das alles für sie nur ein großes Abenteuer, dachte er? Erkannte sie nicht, wie gefährlich es für die Menschen war, die hier lebten?

Lisa schaute Niki an. „Ich weiß, dass es gefährlich war, auch in den Pferdestall zu kommen. Aber ich wollte dabei sein", meinte sie trotzig. „Du kannst nicht bestimmen, was ich machen soll. Hast du schon einmal eine Abenteuergeschichte gelesen? Manchmal muss man mutig sein und etwas wagen, wie die Kinder in den Büchern. Es ist doch alles gut gegangen. Wir wissen jetzt, was die Entführer vorhaben und können einen Plan machen."

Elsken hob den Kopf. „Ich weiß nicht, was das für Bücher sind, von denen ihr sprecht. Aber ich weiß, was geschehen könnte, wenn fremde Soldaten in die Freiheit kommen. Sie würden alles nehmen, was wir haben, unsere Vorräte, unser Vieh, sogar unsere Betten. Sie könnten die Häuser in Brand stecken. Manche Menschen aus der Freiheit würden vielleicht sterben. Davor habe ich große Angst." Sie schaute Niki und Lisa eindringlich an und schüttelte den Kopf. „Aber es ist nicht gut, wenn ihr euch streitet. So wird es uns nicht gelingen, den Grafen zu retten und wer weiß, was dann geschieht. Wir werden uns jetzt in die Hand versprechen, alles einzuhalten, was wir planen und zusammenzuhalten. Ich spreche sonst mit meinem Vater oder mit meiner Mutter, wenn er mir nicht zuhört."

Elsken meinte es ernst, das musste auch Lisa klar sein. Niki war zwar froh, dass Elsken ebenfalls gegen Alleingänge war, aber er zweifelte an Lisas Einsicht, demnächst darauf zu verzichten. Nur zögernd hielt er Lisa und Elsken seine Hand hin und die Mädchen schlugen ein.

„Also, was machen wir?", fragte Lisa gespannt.

„Ich habe darüber nachgedacht. Wir müssen Henrich und Ortwin weiter beobachten, aber auch die Brücke, die in die Freiheit führt, überwachen. Dazu müssen wir uns aufteilen", erklärte Niki entschlossen. „Es ist wohl unauffälliger, wenn du mit Elsken zur Brücke gehst. Sie erkennt, wenn Menschen in die Freiheit kommen, die fremd sind und sich vielleicht auffällig verhalten. Dann müsst ihr sie ausspionieren. Ich werde Henrich und Ortwin im Auge behalten. Mittags besprechen wir, was wir gesehen haben." Er sah Lisa herausfordernd an.

Die wollte etwas einwenden, besann sich und nickte zustimmend. Auch Elsken war einverstanden.

Nachdem sie die Ziegen auf die Weide getrieben hatten, machten sich Lisa und Elsken auf den Weg zur Brücke. Niki lief auf den Schlosshof. Meister Jacob wies ihn an, eine weitere Kiste mit Nägeln zu sortieren. Niki war das Recht, denn so hatte er genügend Gelegenheit, Henrich und Ortwin zu beobachten.

Der Meister sah sich um. „Kommen die Mädchen nicht? Die Arbeit ist wohl zu schwer für sie. Das habe ich mir schon gedacht.“

Niki musste grinsen. Wenn Lisa das hören würde! „Nein, sie müssen im Haus helfen“, sagte er schnell.

Niki entdeckte Henrich, der mit einem anderen Arbeiter einen Wagen mit Steinen belud. Von Ortwin war nichts zu sehen. Erst nach einiger Zeit bemerkte Niki, dass Ortwin möglichst unauffällig über den Schlosshof zum Treppenturm schlich und durch die Tür verschwand. Wie will der das Eisenschloss aufstemmen, fragte sich Niki. Na, viel Spaß dabei, das wird lange dauern.

Aber nach fünfzehn Minuten kam Ortwin, vergnügt pfeifend, durch die Tür zurück. Er winkte Henrich verstohlen zu und hob den Daumen der rechten Hand in die Höhe. Niki war verblüfft. War es Ortwin gelungen, die Eisenkette zu entfernen? Das musste er überprüfen. Vorsichtig sah er sich um. Niemand achtete auf ihn.

Er schlenderte zum Sterndeuterturm und huschte durch die Tür. Auf der linken Seite erkannte er das Gitter des Verlieses. Es bestand aus zwei Teilen, die durch eine eiserne Kette zusammengehalten wurden. Als er die Kette näher betrachtete, bemerkte er, dass sie nur lose um die Gitterstäbe geschlungen war. Das Schloss war verschwunden. Neben der Verliestür lag eine Eisenstange. Offenbar hatte Ortwin sie dazu benutzt, das Schloss aufzubrechen. Plötzlich hörte er Schritte, die sich der Tür näherten.

„Werthmann, ich muss mit Euch über mein Horoskop sprechen, ich verstehe nicht alles.“

Das waren der Graf und der Astrologe! Niki erstarrte. Sie durften ihn auf keinen Fall hier erwischen. Die Verliestür! Niki rüttelte an der Kette, die gab nach und ein kleiner Spalt öffnete sich zwischen den beiden Gitterhälften. Er zwängte sich hindurch und wich in eine der dunklen Ecken des Verlieses zurück. Gerade noch rechtzeitig, denn die Tür zum Sterndeuterturm wurde geöffnet und der Graf trat ein. Der Astrologe folgte ihm. Er warf sofort einen Blick auf die Gittertür und grinste, als er sah, dass das Schloss entfernt worden war. Der Graf blieb vor der Verliestür stehen.

„Ihr sagt, dass Ihr in den Sternen gesehen habt, dass bald eine Person erscheint, die für mich wichtig ist. Wer wird das sein? Wann kommt sie? Und warum? Ist sie gut oder böse? Vor vielen Jahren stand etwas von einer Gefahr für mich in einem Horoskop. Ein Kind, das ich nicht kenne, soll mich retten. Der Astrologe, der es erstellt hat, lebt nicht mehr. Vielleicht hat er es falsch gedeutet, denn viele Jahre ist nichts geschehen."

Alexander zog ein Blatt aus seiner Tasche. „Hier, in diesem Horoskop, das Ihr mir erstellt habt, steht, dass der Mars für mich in diesem Monat bedeutungsvoll ist. Der Mars bedeutet Krieg, Streit oder Unfälle. Was heißt das, Werthmann? Bald wird der Friede geschlossen, die Kämpfe enden. Was soll der Mars mir sagen? Dann hier", er zeigte auf eine Stelle auf dem Blatt, „der Uranus, er steht für Überraschungen und Erkenntnis. Schließlich der Neptun, der die Sehnsucht nach dem verlorenen Paradies, nach all dem, was der Mensch nicht verstehen kann, bedeutet. Ich verstehe das Horoskop nicht. Weist ein Planet auf den Menschen, den ich erwarten soll? Sagt auch dieses Horoskop etwas von einer Gefahr? Was wird geschehen?" Der Graf klang verwirrt.

Der Astrologe zögerte. Seine Hand fuhr über das Blatt und verweilte beim Mars. Dann glitt sie weiter zu Neptun und Uranus.

„Eine Gefahr, die euch droht … nun …" Der Astrologe schien nicht recht zu wissen, was er sagen sollte, „vielleicht lag sie in der Vergangenheit. Ich sehe sie nicht heute oder morgen." Er lachte nervös. „Manchmal sind die Sterne nicht klar und verständlich. Ich werde sie erneut befragen."

Doch der Graf ließ nicht locker. „Aber in Eurem Horoskop steht etwas von einem Kind."

Er schien nicht zu bemerken, dass der Astrologe fieberhaft überlegte, wie er den Grafen von der Warnung des Horoskops ablenken konnte.

„Also, ja, der Mensch könnte ein junger Mensch sein, ein sehr junger, vielleicht ein Kind. Es kommt von weit her. Das Kind könnte eine Neuigkeit bedeuten oder …“ Er trat unschlüssig von einem Fuß auf den anderen und biss sich auf die Unterlippe. „Lasst uns heute Nacht gemeinsam die Sterne und Planeten beobachten. Vielleicht erzählen sie uns mehr“, meinte er schließlich hastig.

Das Gesicht Alexanders hellte sich auf. „Ja, Ihr müsst mir Eure neue Errungenschaft zeigen. Ich will dieses seltsame Fernrohr sehen. Vielleicht wird alles klarer, wenn wir den Himmel mit ihm beobachten.“

Er ging mit großen Schritten auf die Treppe zu, der Astrologe hastete hinter ihm her. Ihm war die Erleichterung anzumerken, nicht weiter über das Horoskop sprechen zu müssen.

Das war gut gegangen. Niki atmete erleichtert auf. Der Astrologe wollte den Grafen ablenken, ganz klar. Leise schlüpfte er durch das Gitter und zog die Kette wieder fester um die Stäbe. Ebenso leise verließ er den Treppenturm und ging zu seiner Kiste zurück.

Henrich und Ortwin waren nicht zu sehen. Ob sie an einem anderen Ort der Baustelle arbeiteten? Niki seufzte. Er musste abwarten und achtgeben.

Er dachte über das Gespräch der beiden Männer nach. Konnte es wirklich sein, dass die Sterne und Planeten die Zukunft voraussagten? Wie gerne hätte er jetzt seinen Opa gefragt! Wer mochte das Kind sein, das für den Grafen wichtig war? Er dachte wieder an die Erzählung seiner Oma.

Plötzlich fuhr ihm eine Idee durch den Kopf. Konnte es möglich sein, dass er mit dem Kind gemeint war, das von weit her kommen soll? Niki lief ein Schauder über den Rücken. Das war unheimlich. Das konnte doch nicht sein? Waren Lisa und er etwa nicht zufällig durch das Loch gefallen? Die Fragen schwirrten nur so in seinem Kopf herum, aber beantworten konnte er sie nicht.

Der Vormittag zog sich hin. Henrich und Ortwin blieben verschwunden. Niki war schließlich froh, als Elsken neben ihm stand. Sie hielt einen Korb in der Hand.

„Meine Großmutter hat uns etwas zum Mittagessen eingepackt. Komm, wir gehen zur Brücke."

Lisa wartete dort auf sie. Sie setzten sich neben das Torhaus, das am Ende der Brücke in der Freiheit stand. Endlich hatte Niki die Gelegenheit, die Zugbrücke, die eine einfache Seilbrücke war, genauer zu betrachten. Sie wurde mit Seilen hochgezogen, die am Ende der Brückenklappe befestigt waren. Diese Seile führten durch zwei Maueröffnungen in das Torhaus. Von hier aus wurden sie mit einer Winde eingeholt. War die Brückenklappe hochgezogen, konnte niemand über den Wassergraben in die Freiheit gelangen.

„Das war total langweilig, hier ist nichts passiert", maulte Lisa.

Als Elsken jedoch Brot, Käse und Äpfel aus dem Korb holte, hellte sich ihr Gesicht auf. „Käse, endlich kein Brei!" Schlagartig besserte sich ihre Laune.

Während sie aßen, berichtete Niki über den Vormittag auf dem Schlosshof und von seinem Erlebnis im Verlies. Er überlegte, ob er den Mädchen auch von den Hinweisen im Horoskop erzählen sollte. Würden sie ihm glauben oder würde er sich lächerlich machen? Aber sie waren nun mal ein Team. Er gab sich einen Ruck und berichtete ihnen alles, was er erfahren hatte.

„Stellt euch vor, meine Oma hat mir diese Geschichte über das Horoskop schon erzählt", schloss er seine Erzählung. „Und jetzt überlege ich …" Er zögerte. „Na ja, … ob es etwas zu bedeuten hat, dass wir durch das Loch gefallen sind. Vielleicht sind wir ja mit den Kindern im Horoskop gemeint?"

Lisa begann zu lachen. „Das sind doch Märchen, Niki! Daran glaubst du? Das war ein dummer Zufall, wir waren nicht vorsichtig genug."

Elsken jedoch sah ihn ernst an. „Ich glaube, du kannst Recht haben. Meine Großmutter erzählt uns manchmal Märchen. Darin kommen die unglaublichsten Dinge vor. Sie sagt immer, jedes

Märchen hat einen wahren Kern. Bis jetzt stimmt alles überein: ihr kommt von weit her, dem Grafen droht Gefahr und wir wollen ihn retten."

Niki lächelte Elsken dankbar an. „Es ist schon verrückt, durch ein Zeitloch zu fallen", meinte er zu Lisa gewandt. „Dann kann doch auch in einem Horoskop was Wahres stehen."

Niki hatte kaum das letzte Wort ausgesprochen, als Lisa ihn heftig in die Seite boxte.

„Da ist Henrich, schaut." Sie wies auf Henrich, der sich unter einen Baum in ihrer Nähe setzte.

Er beobachtete wie sie das Kommen und Gehen von Menschen und Karren, die, von Pferden und Ochsen gezogen, in die Freiheit kamen oder sie verließen. Plötzlich richtete sich Henrich auf. Der Brücke näherte sich ein von zwei Pferden gezogener Wagen, dessen Ladefläche von einer großen Decke, die einer Plane glich, abgedeckt war. Der Kutscher trieb die Pferde langsam vorwärts. Dabei schaute er sich aufmerksam um und musterte die Menschen genau. Henrich war aufgestanden. Er stellte sich in der Nähe der Brücke an den Rand des Wassergrabens, der die Freiheit umschloss. Verstohlen hob er die rechte Hand. Der Blick des Kutschers fiel auf ihn. Er nickte unmerklich und trieb die Pferde über die Brücke. Hinter der Brücke lenkte er sie auf die rechte Seite des Wassergrabens. An beiden Seiten der Brücke zogen sich größere und kleinere Sträucher am Graben entlang. Der Mann fuhr ein Stück weiter, bis der Wagen durch die Büsche fast vollständig verdeckt wurde. Henrich folgte ihm langsam. Die Kinder hatten alles mit angehaltenem Atem beobachtet.

„Was sollen wir jetzt machen?" Niki sah die Mädchen ratlos an.

„Wir müssen näher an den Wagen heran", meinte Lisa.

„Wir spielen Fangen!" Elsken lachte. „Das spielen wir hier in der Freiheit oft. Dabei können wir um den Wagen laufen und fallen nicht weiter auf."

Und schon lief sie los. Niki und Lisa eilten hinter ihr her. Elsken hatte den Wagen erreicht und rannte um ihn herum. Henrich stand neben dem Mann, der inzwischen vom Kutschbock gestiegen war. Sie gingen an das Ende des Wagens und beachteten Elsken nicht. Die bückte sich und kroch blitzschnell unter den Pferdekarren. Niki und Lisa, die mittlerweile den Karren erreicht hatten, beobachteten sie verblüfft. Elsken gab ihnen ein Zeichen, weiterzulaufen und die Männer abzulenken. Sie robbte sich immer näher an Henrich und den Fahrer heran.

Plötzlich verstand Niki. „Elsken will sie belauschen“, flüsterte er Lisa zu.

Der Kutscher hob die Plane ein kleines Stück an. Henrich trat an die Ladefläche heran und lachte höhnisch auf, als er die Gegenstände sah, die unter der Plane verborgen waren. Er schlug dem anderen Mann anerkennend auf die Schulter. Lisa war wieder eine Runde um den Wagen herumgelaufen, als sie Henrich plötzlich anrempelte. Der drehte sich zu ihr hin und hob drohend die Hand.

„Willst du dir eine Maulschelle einfangen? Scher dich fort!“

Lisa duckte sich erschrocken. Niki, der sie inzwischen erreicht hatte, konnte einen Blick in den Wagen werfen. Ihm wurde fast schlecht, als er die vielen Waffen sah. Schnell zog er Lisa am Arm fort.

Henrich wendete sich wieder dem Fahrer zu. „Gut, Valentin. Der Wagen kann hier stehen. Füttere die Pferde und schirre sie wieder an. Dann verschwinde. Ortwin und ich holen die Pistolen am Abend. Die Musketen sind zu lang, sie könnten uns in dem engen Turm stören. Wir kümmern uns um den Brückenwärter, der wird uns nicht stören. Anschließend schleichen wir auf den Turm, fesseln den Grafen und bringen ihn in den Wagen. Dazu brauchen wir eure Hilfe nicht. Dann geht es über die Brücke. Wartet ein Stück entfernt auf uns und übernehmt den Wagen.“

Henrich ließ sein gackerndes Lachen hören und verschwand. Als der Kutscher einen Moment abgelenkt war, kroch Elsken vorsichtig unter dem Wagen hervor. „Ich habe alles gehört. Kommt schnell in den Ziegenstall“, raunte sie Niki und Lisa zu.

Sie lief los und die beiden beeilten sich, Schritt zu halten. Im Stall angekommen, berichtete Elsken aufgeregt, dass Henrich den Kutscher dafür gelobt hatte, wie gut die Waffen seien.

„Es müssen Musketen, Pistolen und Degen sein“, schloss sie.

„Musketen“, fragte Niki, „sind das die langen Gewehre, die ich gesehen habe?“

„Ja“, Elsken nickte, „die Söldner haben Musketen. Sie sind sehr lang. Man kann einmal mit ihnen schießen, dann werden sie wieder geladen. Aber wenn man getroffen wird, kann ein Schuss tödlich sein.“

Sie sahen sich besorgt an.

„Wenn der Graf die entdeckt, wird er es nicht wagen, sich zu wehren“, meinte Niki. „Das wird gefährlich.“

Wird der Graf gerettet?

„Wir müssen die Waffen verstecken, damit Henrich und Ortwin sie nicht benutzen können.“ Niki schaute die Mädchen an. „Aber ich glaube, das reicht nicht. Wenn der Graf einmal unter der Plane steckt, können die Hessen immer noch mit dem Karren die Freiheit verlassen. Wir können sie nicht aufhalten. Das müssen wir verhindern! Fällt euch etwas ein?“

Lisa runzelte angespannt die Stirn und hob ratlos die Schultern hoch.

Elsken sah vielsagend zwischen Niki und Lisa hin und her. „Die Brücke“, stieß sie hastig hervor, „wir müssen die Brückenklappe hochziehen!“

„Ja, das ist es!“, jubelte Lisa.

Niki war skeptisch. „Schaffen wir das?“

Elsken nickte. „An der Winde im Brückenhaus ist eine Kurbel, wie an unserem Brunnen. Damit kann man die Seile anziehen. Zu zweit können wir das schaffen.“

„Aber wenn der Graf gefesselt im Wagen liegt, können ihm Henrich und Ortwin immer noch gefährlich werden, wenn die anderen Soldaten vor der Freiheit warten.“ Niki blieb vorsichtig. „Ich könnte mich unter der Plane verstecken und dem Grafen helfen, seine Fesseln zu lösen. Er kann vom Wagen springen und flüchten.“

„Die Idee ist super, Niki. Elsken und ich ziehen die Brücke hoch und du hilfst dem Grafen.“ Lisa war Feuer und Flamme für den Plan.

„Ja, sobald es dunkel ist, schleichen wir zum Wagen, holen uns die Waffen aus dem Wagen und verstecken sie! So können Ortwin und Henrich sie nicht benutzen!“ Elsken hielt ihnen die Hand hin und Lisa und Niki schlugen nacheinander ein.

Gemeinsam gingen sie zur Baustelle und kümmerten sich wieder um das Sortieren der Nägel. Henrich und Ortwin waren nicht zu sehen.

Es dämmerte bereits, als Meister Jacob lächelnd auf sie zukam. „Gute Arbeit, Kinder". Er zog drei Münzen aus seiner Tasche. „Hier, jeder bekommt wieder einen Groschen."

Plötzlich ging Ortwin mit einem Sack in der Hand an ihnen vorbei. Sie bedankten sich schnell bei Meister Jacob und folgten Ortwin, der zügig auf die Zugbrücke zulief und zum Wagen abbog. Er blieb neben dem Wagen stehen und schaute sich argwöhnisch um. Dann griff er schnell unter die Plane, zog die Pistolen und einen Degen heraus und steckte sie in den Sack. Der Wachmann an der Brücke lehnte mit geschlossenen Augen am Torhaus. Ortwin grinste und ging zu ihm. Er zeigte in Richtung des Wagens, der Wachsoldat nickte und zockelte hinter Ortwin her. Der blieb abrupt stehen und zeigte auf eine Stelle am Boden. Der Wachsoldat bückte sich. In dem Moment zog Ortwin eine Pistole aus dem Sack und schlug ihm den Pistolenknauf auf den Kopf. Der Mann sackte zusammen. Ortwin zog ihn hinter die Büsche und nahm ein langes Seil, das er aus dem Sack zog. Er knebelte den Wachsoldaten und verschnürte ihn fest. Der konnte sich nun nicht mehr regen.

Die Kinder hatten sich hinter einem großen Strauch versteckt und alles beobachtet.

Lisa stampfte mit dem Fuß auf. „Mist, jetzt haben sie die Pistolen! Der arme Wächter. Können wir ihm helfen?"

Niki sah Ortwin hinterher. Noch nie hatte er so große Pistolen gesehen. Die waren bestimmt dreißig oder noch mehr Zentimeter lang. Sie sahen ganz anders aus als diejenigen, die er im Fernsehen gesehen hatte, und waren mindestens so gefährlich. Ihm war mulmig zumute.

Plötzlich bemerkte er Henrich, der sich am Torhaus hinsetzte und die Umgebung genau beobachtete.

„Wir können nichts für ihn tun, denn da ist Henrich." Niki wies unauffällig mit dem Kinn in dessen Richtung. „Jetzt ist umso wichtiger, die Brücke hochzuziehen. Wenn es ganz dunkel ist, legen wir los. Elsken, kannst du ein Messer aus der Schmiede beschaffen? Vielleicht brauchen wir eins, wenn wir etwas zerschneiden müssen."

Beim Abendessen schwiegen sie. Jeder dachte an die nächsten Stunden und wie sie verlaufen mochten. Weder Lisa noch Elsken oder Niki befürchteten, einzuschlafen, denn dazu waren sie viel zu aufgeregt.

Im Haus wurde es bald ruhig. Unbemerkt von der Familie schlichen sie die Treppe hinunter und öffneten leise die Haustür.

„Wir müssen uns noch einmal aufteilen. Lisa, lauf in den Schlosshof und beobachte den Sterndeuterturm. Wenn der Graf und der Astrologe den Turm betreten, kommst du zum Torhaus und gibst Bescheid. Elsken und ich verstecken die restlichen Waffen, wie wir es geplant haben", schlug Niki vor.

Lisa lief los. Elsken holte das neben dem Haus versteckte Messer und gab es Niki, der es einsteckte. Der Himmel war klar und der Vollmond verbreitete genügend Licht, um sich gut orientieren zu können. Während sie zur Brücke hetzten, schaute sich Niki immer wieder um. Hoffentlich bemerkte sie niemand. Aber in der Freiheit war kein Mensch zu sehen, alle schienen zu schlafen.

Unbeobachtet gelangten die Kinder zur Brücke und liefen weiter zum Wagen. Elsken klappte die Plane hoch und Niki zog vier Gewehre vor, die er vorsichtig auf den Boden legte. Misstrauisch betrachtete er die Waffen. Das waren also Musketen. Sie waren über einen Meter lang und ziemlich schwer. Die Schäfte waren aus Holz gefertigt, die Läufe aus Metall. Er zuckte die Schultern, Keine Ahnung, wie sie funktionierten.

Elsken hatte inzwischen eine Muskete aufgehoben, lief am Wassergraben entlang und ließ sie ins Wasser gleiten. Niki folgte ihr und auch die nächste Waffe verschwand im Graben.

Als die Musketen auf den Boden des Wassergrabens gesunken waren, lachte Elsken zufrieden. „Die sind nicht mehr zu gebrauchen. Jetzt noch die Degen."

Auch das war rasch geschehen.

„Los, hilf mir unter die Plane!“, bat Niki Elsken.

Elsken hielt die Plane hoch und Niki schlüpfte darunter. Er kroch bis ans Ende der Ladefläche und kauerte sich in eine Ecke. Was war das? Niki stieß mit dem Fuß an einen Gegenstand. Ein weiterer Degen! Den hatten sie übersehen. Er zog ihn zu sich heran.

Währenddessen hastete Elsken zum Torhaus und wartete auf Lisa. Die hatte sich im Schlosshof hinter einer großen Kiste auf die Lauer gelegt. Sie hockte kaum zehn Minuten in ihrem Versteck, als Henrich und Ortwin den Pferdestall verließen. Sie trugen ihre Pistolen und grobe, lange Seile bei sich, die aufgerollt über ihren Schultern hingen. Rasch verschwanden sie im Sterndeuterturm.

Nach einer Weile gingen der Graf und der Astrologe an ihr vorbei. Auch sie betraten den Turm. Vorsichtig lief Lisa in die Freiheit und kam schließlich atemlos im Torhaus an. Sie berichtete Elsken, was sie erspäht hatte. Nun hieß es warten. Ihre Geduld wurde auf die Probe gestellt.

Nach mehr als einer Stunde bemerkten sie drei Gestalten, die durch die Freiheit auf das Torhaus zu stapften. Es waren Ortwin und Henrich, und zwischen ihnen torkelte der Graf hin und her. Sie mussten ihn fest unter die Arme fassen, sonst wäre er gefallen.

„Hoffentlich ist er nicht verletzt!“ Elsken sah Lisa besorgt an.

Als die Männer die Tür des Torhauses passierten, sahen Lisa und Elsken, dass der Grafen mit Seilen gefesselt war. Er konnte sich kaum bewegen. Außerdem hatten sie ihm mit einem Tuch den Mund zugebunden. Ortwin und Henrich zerrten ihn weiter, in Richtung des Wagens. Lisa und Elsken machten sich bereit. Sie umfassten die Kurbel der Winde mit beiden Händen. Sobald sich der Wagen in Bewegung setzte, wollten sie beginnen, die Brückenklappe hoch zu kurbeln. Henrich und Ortwin hatten inzwischen den Wagen erreicht. Sie hoben den Grafen wie ein Paket an und schoben ihn unter die Plane.

„Nun, mein Gräflein, gleich geht es los!“ Henrich klang grimmig.

Niki hatte alles gespannt verfolgt. Als er hörte, dass die Männer auf den Kutschbock stiegen, kroch er zum Grafen und tastete nach dessen Fesseln. Der sah ihn erschrocken an und zerrte an den Seilen.

„Ich bin es, Nikolaus. Der Junge, der beim Schmied wohnt. Bitte seid leise, Exzellenz", bat er. „Ich befreie euch."

Die Seile waren straff um Alexander gezurrt und fest verknotet. Ich muss die Fesseln mit dem Messer durchschneiden, dachte Niki, sonst kann ich sie nicht lösen. Vorsichtig entfernte er das Tuch vom Mund des Grafen und hielt ihm gleichzeitig die Hand vor den Mund. Der Graf nickte verblüfft. Geschwind begann Niki, die Seile mit dem scharfen Messer durchzuschneiden. Doch bevor er fertig war, zog der Wagen an und rumpelte in Richtung Brücke. Der Graf und Niki wurden auf der Ladefläche hin und her geworfen. Alexander begann, an seinen Fesseln zu zerren, während Niki verzweifelt versuchte, das nächste Seil zu zerschneiden, ohne den Grafen zu verletzten. Plötzlich hörten sie das laute Wiehern der Pferde. Der Wagen blieb mit einem Ruck stehen und bewegte sich nicht weiter. Gleichzeitig war das Knarren von Seilen zu vernehmen.

„Was zum Teufel ist das? Ortwin, die Brücke!", schrie Henrich.

Niki war erleichtert. Offenbar war es Lisa und Elsken gelungen, die Brückenklappe ein großes Stück hochzuziehen. Aber ihm war klar, dass die Gefahr für den Grafen noch nicht vorbei war.

Durch die unvermittelte Vollbremsung des Wagens hatte sich die Plane gelöst und der Graf und Niki rutschten von der Ladefläche. Erleichtert sah Niki, dass nur noch ein Seil zu zerschneiden war, was ihm mit einiger Anstrengung gelang. Henrich und Ortwin sprangen vom Kutschbock. Während Ortwin zum Brückenhaus lief, bemerkte Henrich, dass der Graf befreit war.

„Ortwin, hilf mir! Der Graf ist frei!", kreischte er mit seiner hohen Stimme.

Ortwin drehte sich um. Niki erschrak, denn Ortwin hatte plötzlich eine Pistole in der Hand. Er sprang auf die Ladefläche zurück, ergriff den Degen und reichte ihn Alexander hinaus. Ortwin zielte auf den Grafen und schoss.

Unerwartet brüllte Henrich markerschütternd auf und griff sich an den Arm. „Du Esel! Du hast mich getroffen!"

Durch den Schuss waren einige Freiheiter aufgewacht. Sie kamen aus ihren Häusern gerannt und zündeten Fackeln an. Mit angehaltenem Atem beobachteten sie das unerwartete Ereignis. Bevor Ortwin seine Pistole erneut laden konnte, stürmte Graf Alexander mit dem Degen in der Hand auf ihn zu. Er erreichte ihn und hielt die Degenspitze an Ortwins Brust. Der wich zurück und zog seinen eigenen Degen, der in einer Scheide an seiner Seite hing.

„Strauchdieb! Halunke! Schurke!", rief Alexander und hob seinen Degen.

Ortwin wehrte ihn ab. Eine Weile kämpften beide verbissen, es ging hin und her. Schließlich gelang es Alexander, Ortwins Degen mit einem gewaltigen Hieb aus dessen Hand zu schlagen. Wieder hielt er seine Degenspitze an Ortwins Brust.

Plötzlich hing Lisa an seinem Arm. „Nein, Exzellenz, wir müssen ihn gefangen nehmen. Tötet ihn nicht, bitte!"

In diesem Moment, ehe der Graf etwas erwidern konnte, stürzte die Brückenrampe mit einem explosionsartigen Krachen auf die andere Seite des Wassergrabens zurück. Elsken schlich mit hängenden Schultern aus dem Torhaus.

„Ich konnte sie alleine nicht halten." Sie klang kleinlaut.

„Hilfe, Hilfe, helft mir!", ertönte da eine Stimme vom Wassergraben.

Henrich, auf den niemand geachtet hatte, war mittlerweile in den Graben gesprungen. Aber wegen seiner Armverletzung gelang es ihm nicht, sich auf die andere Seite zu retten. Da stand er, triefend nass, mitten im Graben, und rief um Hilfe.

Inzwischen waren weitere Freiheiter durch den Lärm aufgewacht und zur Brücke gelaufen. Der Graf befahl ihnen, Henrich und Ortwin zu ergreifen und in das Verlies zu bringen.

„Aber nehmt ein neues Schloss mit!“, rief Elsken. „Das alte ist verschwunden.“

Der Graf wandte sich den Kindern zu, die inzwischen neben ihm standen. Schwer atmend betrachtete er sie. Dann erhellte ein Lächeln sein Gesicht.

„Ihr habt mich gerettet!“ Er klang überrascht und ungläubig. „Drei Kinder haben mich gerettet! Und du“, er legte Niki eine Hand auf die Schulter, „du hast meine Fesseln gelöst! Das war furchtlos und tapfer. Nur weil du mir den Degen gegeben hast, konnte ich diesen Banditen daran hindern, seine Pistole erneut zu laden und mich zu töten.“

Niki wurde rot und trat unsicher von einem Fuß auf den anderen. Er freute sich, dass der Graf ihn lobte, aber furchtlos und tapfer? So hatte ihn noch niemand genannt. Lisa, die sich neben Niki gestellt hatte, strahlte und nickte zu den Worten des Grafen. Nur Elsken hielt sich im Hintergrund. Sie schien sich zu ärgern, dass sie die Kurbel losgelassen hatte.

Schmied Bitter, Elskens Mutter und die Großmutter stürzten heran und blieben keuchend vor ihnen stehen, so schnell waren sie gerannt.

Elskens Vater sah den Grafen unsicher an. „Exzellenz, haben die Kinder etwas falsch gemacht? Ich entschuldige … “

Der Graf allerdings ließ ihn nicht ausreden. „Beruhigt Euch, Meister Bitter. Und auch ihr“, wandte er sich an Mutter und Großmutter. „Die Kinder waren großartig und mutig, sie haben mich aus der Gewalt der hessischen Soldaten befreit. Dafür werde ich ihnen immer dankbar sein.“ Er sah Niki nachdenklich an. „In meinem Horoskop steht, dass ein Kind für mich bedeutungsvoll wird. Ich konnte mir nicht vorstellen, wer dieses Kind sein könnte. Jetzt glaube ich, dass du geschickt wurdest, mich zu retten.“

„Mich bestimmt auch“, warf Lisa schnell ein.

„Ich bin froh, dass du und auch ihr“, er wandte sich an Lisa und Elsken, „hier in der Freiheit seid und meine Feinde entlarvt habt.“ Er lächelte Lisa, Elsken und Niki an. „Ihr dürft euch etwas von mir wünschen. Aber erzählt zuerst, wie ihr Henrich und Ortwin auf die Schliche gekommen seid!“

Abwechselnd berichteten die Kinder, wie sie vergeblich versucht hatten, vor Henrich und Ortwin zu warnen. Sie erzählten von dem heimlich belauschten Gespräch an der Mühle und beschrieben, wie sie Henrich und Ortwin beobachteten und schließlich im Pferdestall vom Plan der Entführer erfahren hatten. Ausführlich erklärten sie ihren eigenen Plan zur Rettung des Grafen. Die Erwachsenen, die um sie herumstanden, hörten mit offenem Mund zu und schüttelten immer wieder ungläubig die Köpfe.

„Sie müssen auch den Astrologen einsperren. Der steckt mit Ortwin und Henrich unter einer Decke und wurde nur zum Schein gefesselt“, enthüllte Lisa.

„Werthmann? Werthmann ist ein Verräter!?“ Der Graf wollte es nicht glauben. „Er liegt gefesselt im Sterndeuterturm. Den schnappe ich mir gleich selbst. Meister Bitter, nehmt die Kinder jetzt mit, wir reden morgen weiter.“

Dann stürmte er, den Degen in der Hand, zum Sterndeuterturm.

An Schlaf war jedoch für die ganze Familie noch nicht zu denken. Immer wieder mussten die Kinder von ihrem Abenteuer berichten. Es dämmerte schon, als sie endlich in der Schlafkammer verschwanden.

Niki konnte dennoch lange nicht einschlafen. Immer wieder dachte er an die Worte des Grafen. War er, Niki, wirklich die Person, die dazu bestimmt gewesen war, den Grafen zu retten? Er dachte an seine Eltern und die Großeltern. Die würden staunen, wenn er von seiner Reise in die Vergangenheit erzählen würde. Und Lars und Malte erst!

Vielleicht lassen sich manche Rätsel nie ganz lösen, vielleicht bleiben manche Geheimnisse für immer Geheimnisse.

Unruhig drehte er sich auf seinem Strohhaufen hin und her. Ihm war plötzlich eingefallen, dass er das andere, wichtige Rätsel noch nicht gelöst hatte. Wie könnte die Rückkehr gelingen? Seufzend schloss er die Augen.

Der Baum der Zeit

Es war bereits Mittag, als die Kinder erwachten. Alle dachten sofort wieder an die Erlebnisse der vergangenen Nacht. In der Küche schaute die Mutter auf, als sie, immer noch ein wenig müde, langsam die Treppe herunterstiegen.

„Der Graf hat nach euch fragen lassen. Er wartet an der Baustelle auf euch."

Graf Alexander stand mit den Baumeistern auf dem Schlosshof. Als er die Kinder sah, schmunzelte er.

Jetzt freut er sich, dass er uns nicht fortgeschickt hat, dachte Niki.

„Kinder, lasst mich euch noch einmal danken. Es war unerschrocken und kühn, was ihr für mich riskiert habt, ja, sogar heldenhaft. Ihr dürft euch etwas von mir wünschen. Wenn ich den Wunsch erfüllen kann, werde ich es tun."

Niki war bei den Worten des Grafen schon wieder rot geworden. So viel Lob! Wie ein Held kam er sich nicht vor. Nein, er war froh, dass sie die Entführung verhindert hatten. Aber jetzt musste er herausbekommen, welcher Weg nach Hause zurückführte.

„Wir sind sehr froh, dass wir Eure Exzellenz retten konnten." Lisa sah Alexander zufrieden an.

Niki nickte zu Lisas Worten. „Danke, Exzellenz. Wir überlegen zusammen, was wir uns wünschen. Wir müssen darüber nachdenken."

Der Graf erzählte den Kindern, dass der Astrologe hartnäckig geleugnet hatte, an der Entführung beteiligt zu sein. Ortwin sei geholt worden und bestätigte, dass der Astrologe dem Plan zugestimmt hatte, weil er Geld brauchte. Die Landgräfin von Hessen hatte sich an Alexander rächen wollen und den Astrologen bestochen.

„Jetzt sitzen die drei in meinem Verlies. Ich werde sie nach Münster bringen lassen, dort sollen sie verurteilt werden." Der Graf klang jetzt grimmig und er erhob eine Faust in Richtung

Verlies. Erst als er die Kinder ansah, klang seine Stimme wieder heiter. „Nun geht, heute braucht ihr nicht auf der Baustelle zu arbeiten. Und denkt über euren Wunsch nach."

Während sie durch die Freiheit schlenderten, fragten viele Nachbarn nach ihren Erlebnissen in der vergangenen Nacht. Neugierig wollten sie alle Einzelheiten wissen.

„Ich glaube, wir sind jetzt berühmt." Lisa platzte fast vor Stolz, als ein weiterer Freiheiter sie auszufragen begann.

Niki war eine halbe Stunde später froh, wieder an der Schmiede zu sein.

In der Küche erwartete sie eine Überraschung. Auf dem Tisch standen ein Huhn, ein großer Braten, Butter, Brot, Eier, eine große, mit einem Tuch abgedeckte Schüssel und zwei Flaschen Wein.

„Das hat der Graf geschickt. Wir sollen es uns heute richtig gut gehen lassen." Die Mutter lachte.

Lisa hob neugierig das Tuch hoch. „Heringe? Das sind ja Heringe!"

„Ja, das wird ein Festmahl heute. Die bekommen wir nicht oft. Der Graf lässt sie von der Nordsee kommen. Nun lasst die Großmutter und mich kochen."

Nach dem üppigen Essen, das bis in die späten Abendstunden dauerte, stopfte sich der Schmied zufrieden seine Pfeife. Die Großmutter setzte sich in den Schaukelstuhl, und die Kinder hockten sich auf den Boden um sie herum.

„Bitte, Großmutter, erzähl uns noch einmal das Märchen vom Baum der Zeit", bettelte Elsken.

Die Großmutter lächelte. „Nun gut." Sie räusperte sich. „Vor langer, langer Zeit, als keine Menschen auf der Erde lebten, entstanden unsere Wälder. Auch hier bei uns wuchs ein großer Wald, der Dämmerwald. In ihm lebten nicht nur viele Tiere, sondern auch Elfen, Feen, Kobolde und Zwerge. Sie wachten über die Tiere des Waldes, über Bäume, Sträucher und Blumen, über alles, was dort lebte und wuchs. Die Kobolde trieben ihren Schabernack und spielten oft Streiche. Die Zwerge dagegen sorgten dafür, dass im Wald alles seine Ordnung hatte und alle Tiere und Pflanzen sich dort wohlfühlten. Alle liebten die Elfen. Sie waren durchscheinend helle Flatterwesen, die in der Hauptsache aus Lachen bestanden. Besonders gerne hörten alle der perlenden Musik ihrer goldenen Harfen zu und tanzten danach. Die Feen konnten zaubern und beschützten die anderen Wesen. Sogar zwei Riesen hatten sich im Dämmerwald niedergelassen, weil es dort ruhig und friedlich war.

Eines Tages kamen die ersten Menschen in den Wald. Sie begannen, Bäume zu fällen, um sich Häuser zu bauen. Sie sammelten Feuerholz, Beeren und andere Früchte, und sie begannen Tiere zu jagen, was die Wesen des Waldes erschreckte. Aber Elfen, Feen und Zwerge, die geduldig und hilfsbereit waren, wollten den Menschen helfen. Den ersten Menschen zeigten sie sich noch und lehrten sie, die Schönheit des Waldes und seiner Tiere zu sehen. Aber nach und nach wurden es immer mehr Menschen. Als diese versuchten, auch die Zauberwesen zu fangen, wurden diese unsichtbar. Die Riesen verließen den Dämmerwald und suchten sich eine andere Heimat. Nur die Kobolde spielten weiter ihren Schabernack, sie ärgerten und erschreckten die Menschen, die nie einen von ihnen erwischten.

Viele, viele Jahre vergingen und die Menschen waren immer zahlreicher geworden. Sehr, sehr alte Leute, die sich noch erinnern konnten, erzählten gerne, wie einträchtig, sanft und friedfertig der Wald, die Wesen und die Menschen anfangs zusammengelebt hatten. Manche Menschen sehnten sich in diese friedliche Zeit zurück. Sie waren traurig, weil es unmöglich schien, dorthin zurückzukehren. Das sahen die Feen und überlegten, wie sie denjenigen, die es wirklich wollten, eine Möglichkeit schaffen konnten, zurückzureisen.

Mitten im Dämmerwald stand eine große, mächtige Eiche, die schon viele hundert Jahre dort wuchs. Sie kannte Elfen, Feen und Zwerge und trauerte den Riesen nach. Einst hatten sie aus ihrer Krone Eicheln für die Tiere geerntet. Die waren besonders zart, was die Tiere liebten. Zu ihr gingen die Feen. Sie wussten, dass im August besonders viele Sternschnuppen um die Erde flogen. Gemeinsam beschlossen sie, dass jeder Mensch, der im August unter dem Baum sitzt, eine Sternschnuppe sieht und sich sehnlichst wünscht, in eine andere Zeit zu reisen, einige Blätter der Eiche nehmen darf. Er soll sie mit einem Mörser zerkleinern und in ein Glas mit ein wenig Wasser geben. Wenn er davon trinkt, ganz gleich, an welchem Ort er sich befindet, kann er in die Zeit reisen, in die er sich wünscht. Die Feen sprachen einen Zauber, und so geschah es.

Viele Jahre vergingen. Nur wenige Menschen konnten sich an den Zauber der Feen erinnern. Aber die Erinnerung an die Anderswelt blieb lebendig, nur wusste fast niemand mehr, wo der Eingang zu suchen war."

Die Großmutter sah in die gespannten Gesichter der Kinder. „Das Märchen vom Baum der Zeit erzählten die alten Leute immer weiter. Ich habe es von meiner Großmutter gehört. Als Kind war ich sehr neugierig. Der Dämmerwald ist nicht allzu weit entfernt. Mein Vater hat dort manchmal Holz geholt. Eines Tages bin ich mit ihm gefahren, weil ich die Eiche suchen wollte. Ich habe mitten im Wald eine Eiche gefunden, die viel größer war als alle Bäume um sie herum. Sie hatte ein riesiges Dach aus Ästen und Laub. Es war der schönste und größte Baum, den ich jemals gesehen habe. Da habe ich gedacht: das muss der Baum der Zeit sein."

Ganz in ihre Erinnerungen versunken, strahlte ihr Gesicht auf.

Elsken wurde unruhig und rutschte hin und her. „Das ist doch, das ist … Ich glaube, das ist die Lösung für euch!"

Niki hatte atemlos zugehört. „Großmutter, glaubst du, dass der Zauber noch wirkt?"

„Ja, mein Junge, das glaube ich."

„Können wir den Baum finden?"

„Wenn du es willst, findest du ihn."

Niki sah Lisa und Elsken aufgeregt an. „Da müssen wir hin", flüsterte er. „Wir müssen in den Dämmerwald! Kommt in den Ziegenstall."

Sie standen schnell auf, und durch die Hintertür huschten sie in den Stall.

Elskens Augen blitzten. „Du meinst“, auch sie klang jetzt aufgeregt, „der Baum hilft euch zurück?“

„Niki, Niki, kann der Baum uns retten und kommen wir endlich nach Hause?“ Lisas Stimme zitterte ein wenig. „Oder ist es doch nur ein Märchen?“

Niki dachte fieberhaft nach. Aufgeregt knetete er seine Hände und fuhr sich immer wieder durch die Haare. „Ich weiß es nicht“, sagte er schließlich. „Aber wir müssen den Baum finden. Das ist unsere Chance. Wir müssen es versuchen, sonst sind wir verloren und bleiben für immer hier. In wenigen Tagen ist der August vorbei. Elsken, wie kommen wir in den Dämmerwald?“

„Ich könnte meinen Vater bitten, euch mit dem Pferdekarren zu fahren. Aber er hat so viel Arbeit und will bestimmt wissen, warum ihr dorthin wollt. Und wir haben nicht mehr viel Zeit.“

Es muss doch eine Möglichkeit geben, zum Baum zu gelangen, dachte Niki angespannt. Dann hatte er eine Idee. „Der Graf! Der Wunsch, den wir frei haben! Wir wünschen uns eine Fahrt mit seiner Kutsche in den Dämmerwald in der nächsten Nacht!“

Lisa fiel Niki um den Hals. „Das machen wir. Kommt, wir suchen den Grafen.“

„Ja, das ist eine großartige Idee.“ Elsken nickte. „Aber es ist schon spät. Lasst uns morgen zu ihm gehen. Er hilft uns bestimmt.“

Die Rückkehr

Niki erwachte früh am Morgen. Nur die Großmutter war bereits aufgestanden.

Ungeduldig rüttelte er Lisa und Elsken wach. „Aufstehen, wir müssen den Grafen suchen!“

Das Frühstück war schnell erledigt. Rasch halfen sie Elsken bei der Erledigung ihrer verschiedenen morgendlichen Aufgaben. Als das Geschirr abgewaschen war, frisches Wasser am Herd stand und die Ziegen auf der Weide waren, liefen sie zur Schlossbaustelle. Erleichtert sah Niki die beiden Baumeister auf dem Schlosshof einigen Arbeitern Anweisungen geben.

Meister Jacob wandte sich ihnen zu. „Na, da sind ja unsere Helden.“

„Meister Jacob, Meister Jacob, wo ist der Graf? Wir müssen dringend mit ihm reden!“ Lisa verschluckte fast die letzten Worte, so schnell sprach sie.

Meister Jacob drehte sich zu Meister Johann um. „Weißt du, wo der Graf ist, Johann?“

„Tja …“ Meister Johann strich sich über seinen Bart. „Er ist noch gestern Abend nach Münster geritten. Er wollte mit den Gesandten wegen des Friedensvertrages etwas besprechen. Wann er zurück ist, kann ich nicht sagen.“

Niki erstarrte. Ihm lief ein eiskalter Schauer über den Rücken. Er sah Lisa an. Sie stand sprachlos, wie versteinert neben ihm. Sicher schwirrten ihr die gleichen Fragen durch den Kopf wie ihm. Was machen wir jetzt? Wer hilft uns? Sie ließen die Köpfe hängen und schlichen in die Freiheit zurück. Elsken folgte ihnen bekümmert.

„Kommt zurück in den Ziegenstall.“ Sie ging ihnen voran.

Im Stall warf sich Niki auf den Strohhaufen. Ihm schossen tausend Gedanken durch den Kopf. Es musste eine Möglichkeit geben, in den Dämmerwald zur Eiche zu kommen. Wenn ihm nur etwas einfiele. Die Zeit raste voran. Wenn der August erst einmal vorüber war, mussten sie vielleicht ein ganzes Jahr warten. Das durfte nicht geschehen!

Lisa war bei der Tür stehen geblieben und sah die anderen wortlos an. Eine Weile schwiegen sie. Der Schock, dass sie ihren Wunsch beim Grafen nicht einlösen konnten, war bei allen groß.

„Wie weit ist es bis zum Dämmerwald? Können wir dorthin laufen?“ Niki sah Elsken an.

„Ich …“, Elsken zögerte, „… ich würde den Weg nicht finden, ich kenne mich nur im Tiergarten gut aus.“

„Und wenn wir doch deinen Vater fragen?“ Niki wollte nicht aufgeben.

Elsken seufzte. „Gut, ich frage ihn.“

Sie verließ den Stall.

Nach einigen Minuten war sie bereits zurück. Sie schüttelte betrübt den Kopf. „Er sagt, er hat keine Zeit für unsere Spiele. Er hat neues Eisen bekommen, das muss er schnell verarbeiten, sonst bekommt er Ärger mit dem Grafen.“

Niki allerdings hielt es nicht länger auf seinem Platz. Er spürte eine riesige Welle Wut in sich aufsteigen. Mit großen Schritten rannte er aus dem Stall und erreichte über den schmalen Pfad den Tiergarten. Ziellos lief er durch den Wald. Mit einem Stock hieb er zornig auf Bäume und Büsche ein. Schließlich blieb er atemlos stehen.

Niki sah sich um. Er war in seinem Zorn durch den Tiergarten gelaufen, ohne auf den Weg zu achten. In welche Richtung musste er gehen, um zum Schloss zu gelangen? Er lief los, erkannte aber nach einiger Zeit, dass er immer nur tiefer in den Tiergarten hineingeriet. Niki hastete weiter. Er stolperte über Wurzeln, geriet mit einem Fuß in ein Erdloch und fiel hin. Als er an einen Bach kam, versuchte er ihn zu überspringen. Allerdings hatte er die Breite des Baches falsch eingeschätzt. Er landete auf einem Stein mitten im Bach, rutschte aus und lag plötzlich im Wasser. Tropfnass erhob er sich. Niki fluchte. Was sollte er jetzt machen? Ihn fröstelte. Die Sonnenstrahlen erreichten wegen des dichten

Blätterdaches kaum den Waldboden. Erschöpft ließ er sich auf einem Baumstamm nieder. So viel hatte er erlebt, sogar ein richtiges Abenteuer. Er fühlte, dass er nicht aufgeben wollte. Nein, er würde nicht aufgeben!

„Ich werde einen Weg in den Dämmerwald finden, und wenn ich zu Fuß gehen muss. Ich will zurück, ich will zu meinen Eltern, ich will wieder mit meinen Freunden spielen!"

Sein Blick fiel auf einen Trampelpfad, der etwa zehn Meter vor ihm durch den Wald führte. Ohne lange zu zögern, entschied er sich, dem Pfad zu folgen.

Die Minuten erschienen Niki wie Stunden. Dann, nach einer Ewigkeit, wie ihm schien, lichteten sich die Bäume. Er erkannte, dass vor ihm das Wasser des Schlossgrabens in der Sonne glitzerte. Schnell umrundete er den Graben und stand bald vor der Schmiede.

Elsken und Lisa rannten auf ihn zu.

„Niki!" Lisa fiel ihm um den Hals, „Wir haben dich überall gesucht. Wo warst du?"

Niki wollte nicht erzählen, dass er sich verlaufen hatte und fragte schnell: „Ist der Graf zurück? Noch zwei Tage, dann ist der August vorbei und es wird keine Sternschnuppe mehr da sein, die unseren Wunsch erfüllen kann!"

Elsken schüttelte den Kopf. „Nein. Es wird schon Abend, und er ist immer noch nicht da. So spät kommt er nie aus Münster zurück."

„Dann werde ich jetzt deinen Vater bitten, uns in den Dämmerwald zu bringen. Wir haben keine andere Möglichkeit." Niki hatte die Worte kaum ausgesprochen, als sie aus der Freiheit das eilige Traben von Pferden hörten.

„Der Graf!" Lisa jubelte und lief los.

Niki und Elsken hasteten hinter ihr her zum Schlossplatz.

Graf Alexander war vom Pferd gestiegen. Er schaute sich erstaunt um, als die Kinder auf ihn losstürmten und gleichzeitig riefen und redeten.

Er hob die Hände. „Langsam, langsam. Nikolaus, erzähle du mir, was geschehen ist."

„Der Wunsch, unser Wunsch. Exzellenz, wir wissen nun, was wir uns wünschen. Könnt Ihr Lisa und mich mit eurer Kutsche in den Dämmerwald bringen, heute noch? Wir suchen einen Baum, eine große Eiche. Können wir gleich los?"

Der Graf schaute die Kinder verblüfft an. „Natürlich kann ich euch in den Dämmerwald bringen lassen. Aber heute noch? Was wollt ihr dort?"

Niki schloss einen Moment die Augen. Er spürte sein Herz aufgeregt schlagen. Er atmete tief durch und fühlte wieder seinen einzigen Wunsch. Er wollte wieder nach Hause.

Dann sah er Alexander direkt in die Augen. „Exzellenz, glaubt mir, ich kann es Euch nicht sagen. Es ist ein Geheimnis, darum kann ich es nicht erzählen. Ich bitte Euch, vertraut mir."

Der Graf betrachtete ihn nachdenklich und schwieg einige Minuten. „Nun", er räusperte sich, „ich werde nie vergessen, was du für mich getan hast. Ich weiß, dass ich dir vertrauen kann. Allerdings, meine Kutschen sind in Dorsten."

Niki wollte den Grafen unterbrechen, aber der legte ihm die Hand auf die Schulter. „Nein", fuhr er fort, „deshalb bringe *ich* dich und sie", er schaute Lisa an, „in den Dämmerwald. Mein Pferd ist noch gesattelt." Der Graf wandte sich einem Stallknecht zu, der hinter ihm stand. „Caspar, sattle ein Pferd und nimm das Mädchen zu dir. Du, Nikolaus, du reitest mit mir auf meinem Pferd."

Diesen Ritt würde Niki nie vergessen. Der Graf galoppierte voran. Niki klammerte sich an den Sattelknauf. Trotz aller Sorge genoss er den schnellen Ritt, der über Wege, Wiesen und Äcker führte. Der Wind zerzauste sein Haar und kühlte sein vor Aufregung heißes Gesicht. Noch war die Sonne nicht vollständig untergegangen. Sie konnten ihre Umgebung gut erkennen und kamen rasch weiter. Schließlich, es waren fast zwei Stunden vergangen, erreichten sie den Rand eines dichten, großen Waldes.

Der Graf hielt an. „Und nun, Nikolaus? Das ist der Dämmerwald.“

„Wir suchen eine große Eiche, die mitten im Wald steht. Sie soll größer sein als alle anderen Bäume.“

„Exzellenz“, Caspar war mit Lisa herangekommen, „die kenne ich. Ich glaube, ich kann sie finden.“

„Gut, Caspar, reite du voraus. Aber sei vorsichtig, im Wald ist es schon dunkel.“

Der schmale Weg, auf dem sie zuerst geritten waren, endete bald. Bäume und Sträucher standen immer dichter, sodass sie absteigen mussten. Caspar band die Pferde an einem Baum fest. Dann drehte er sich unentschlossen im Kreis. Schließlich winkte er den anderen, ihm zu folgen. Die Bäume standen immer dichter, und so kamen sie nur langsam voran. Nachdem eine endlose Zeit vergangen war - so kam es Niki und Lisa in ihrer Ungeduld vor - blieb Caspar stehen.

Er zeigte auf eine Eiche. „Das muss sie sein.“

Niki und Lisa drängten nach vorne. Sie staunten. Vor ihnen wuchs der Baum viele Meter in die Höhe. Seine dicken, knorrigen Äste bildeten eine große, dichte und ausladende Krone. Er sah an ihrem Stamm hoch. Nur an einigen Stellen war zwischen ihren Blättern ein Stück des Himmels zu erkennen. Niki ging langsam auf die Eiche zu und berührte ihre braun-graue, stark gefurchte Borke. Den mächtigen Stamm der Eiche konnten drei Männer nicht umfassen. Inzwischen war die Sonne untergegangen, nur noch der Mond schien.

Er winkte Lisa zu sich. „Wir setzen uns an den Stamm und beobachten den Himmel“, sagte er leise.

Er war aufgeregt und achtete nicht auf den Grafen und Caspar, die sie verwundert beobachteten.

Lisa nickte stumm. Vor sich konnten sie zwischen den anderen Bäumen den nun dunklen Himmel und unzählige Sterne erkennen. Angespannt starrten sie nach oben. Eine Sternschnuppe, dachte Niki sehnsüchtig, nur eine einzige Sternschnuppe brauchen wir. Ihre Geduld wurde auf eine lange Probe gestellt.

Plötzlich sahen sie Sterne aufleuchten, die Leuchtspuren hinter sich herzogen und rasch wieder verschwanden. Lisa tastete aufgeregt nach Nikis Hand und hielt sie fest.

„Bringt mich nach Hause, in meine Zeit, zu meinen Großeltern“, flüsterte Niki beschwörend. „Bitte!“

Noch nie hatte er sich etwas so sehr gewünscht. Er wagte kaum zu atmen.

Auch Lisa murmelte leise vor sich hin. „Ich möchte zu meinen Eltern“, sie schloss die Augen, „zu meinen Geschwistern und wieder Fahrradfahren.“

Als der Sternschnuppenregen immer weniger wurde, standen sie langsam auf. Niki sah am Baum hoch. Jetzt brauchen wir noch einige Blätter, dachte er. Er reckte sich. Mist, er konnte die Äste nicht erreichen.

Der Graf, der bisher schweigend ein Stück entfernt stand und Niki und Lisa beobachtete, kam auf sie zu. „Willst du Blätter pflücken?“

Niki nickte.

„Ich helfe dir.“

Er hob Niki hoch und dem gelang es, die Blätter zu erreichen.

„Danke, Exzellenz.“

Niki stopfte die gepflückten Blätter schnell in seine Hosentasche. Er sah den Grafen an und erkannte die Neugier über ihr Verhalten in dessen Augen.

„Exzellenz, wir …“, Niki zögerte, „so wie Ihr an Euer Horoskop glaubt, glauben wir an die Kraft des Baumes und seiner Blätter. Wir mussten diesen Baum finden. Seine Blätter werden uns helfen, nach Hause zu kommen.“

Niki konnte das ungläubige Staunen des Grafen spüren.

„Wir danken Euch. Wir werden nie vergessen, dass Ihr uns geholfen habt. Aber nun müssen wir zurück in die Freiheit, bitte.“

Der Graf sah Niki lange an, dann nickte er. Der Weg zurück durch den dunklen Wald dauerte. Alle waren froh, als sie den Waldrand endlich erreichten. Der Graf hob Niki wieder vor sich in den Sattel, Caspar zog Lisa zu sich auf das Pferd. So schnell die Pferde galoppieren konnten, ging es zurück in die Freiheit. Vor der Schmiede hielten sie an. Lisa und Niki stiegen ab. Niki reichte dem Grafen die Hand und verbeugte sich. Bevor er etwas sagen konnte, lächelte Alexander ihn an.

„Du bist ein tapferer Junge. Ich wünsche die viel Glück und dir auch, Lisa. Ich nehme an, wir sehen uns nicht wieder?"

Niki schluckte und nickte nur. Er nahm Lisas Hand und zog sie schnell ins Haus. In der Küche saßen Elsken und die Großmutter alleine vor dem Herdfeuer.

Elsken sah sie neugierig an. „Ist alles gut gegangen?"

„Ja, wir haben Sternschnuppen gesehen, hier sind die Blätter. Nun müssen wir sie mörsern und mit Wasser mischen."

Elsken schob Niki eine kleine Schale mit einem Mörser zu und einen Becher Wasser. Niki zog die Blätter aus der Tasche, zerkleinerte sie und begann das Laub mit dem Mörser zu zerstoßen. Als er mit dem Ergebnis zufrieden war, gab er ein wenig Wasser dazu und verrührte das Gemisch.

Die Großmutter reichte ihm ein kleines Glasfläschchen. „Schütte alles hinein, und dann geht zu der Stelle, an der Elsken euch gefunden hat", sagte sie ernst.

Niki und Lisa sahen sie erstaunt an.

„Du weißt, dass wir von weit her kommen?" fragte Lisa verdutzt.

„Ich habe es geahnt, als ihr unbedingt den Baum finden wolltet. Nun geht, Kinder. Elsken wird euch führen. Lebt wohl." Sie nahm Niki und Lisa in den Arm.

„Danke, Großmutter." Lisa gab ihr einen Kuss und Niki drückte sich fest an die alte Frau.

Elsken stand bereits an der Tür. Wieder ging es am Schlossteich vorbei in den Tiergarten. Bevor sie ihn betraten, schaute sich Niki noch einmal um. Er wollte das Bild der Baustelle, des Sterndeuterturms und der Freiheit in seinem Kopf speichern. Ob er jemals wieder ein solches Abenteuer erleben würde? An der Mühle angekommen, schlichen sie in die Hütte, nahmen ihre Kleidung und das Handy aus dem Versteck. Niki zog seine Armbanduhr aus dem Rucksack und sie zogen sich schnell um.

Niki drehte sich zu Elsken um. „Ohne dich hätten wir das alles nicht geschafft. Danke, Elsken! Wir werden dich nie vergessen.“

„Ich werde euch auch nie vergessen.“ Elsken hatte Tränen in den Augen. „Kommt gut zurück.“

Auch Lisa hatte feuchte Augen. Niki nahm das Fläschchen in die Hand. Er hatte die Augen geschlossen, atmete tief durch und nahm einen Schluck. Dann reichte er Lisa das Wasser und sie trank ebenfalls.

„Wir möchten nach Hause zurück.“ Gleichzeitig sprachen sie den Satz mehrmals laut aus.

Nichts geschah. Niki konzentrierte sich auf seinen Herzschlag. Sein Herz schlug schnell. Er glaubte, das Pulsieren der Zeit in seinem Inneren wahrzunehmen. Niki nahm Lisa fest in den Arm.

„Da ist ein dumpfes Klopfen in mir“, flüsterte sie leise.

Niki verspürte eine seltsame Schwere. Dann kam es ihm so vor, als würden sie durch eine unbekannte Kraft hochgehoben. Um sie herum war ein dichter, weißer Nebel, der sie aufsog. Das war das Letzte, was Niki wahrnahm, bevor er in einen tiefen Schlaf fiel.

Niki fuhr hoch, als er Vögel singen hörte. Ein leichter Schwindel ließ ihn die Augen zusammenkneifen. Er lag zusammengekrümmt auf einem Flecken Gras. Mühsam rang er nach Luft.

„Wo sind wir?“, erklang Lisas leise Stimme neben ihm.

„Alles in Ordnung?“, fragte Niki vorsichtig.

„Ja, mir ist nur so schwindelig.“

Niki öffnete argwöhnisch die Augen und sah sich um. „Die Mühle“, stieß er ungläubig hervor, „die Mühle ist wieder eine Ruine, Lisa. Es hat geklappt! Wir sind zurück. Da hinten stehen unsere Fahrräder. Wir sind zu Hause, Lisa, wir sind zu Hause!“

Er sprang auf und zog Lisa hoch. Langsam umrundeten sie die Mühlenreste. Lisa blickte sich zögernd um. Als ihr aufging, dass

Niki Recht hatte, begann sie einen Freudentanz um ihn herum aufzuführen.

„Schau Niki. Dort stand die Hütte, in der wir gelandet sind. Hier haben wir Elsken getroffen und Henrich und Ortwin belauscht." Dann griff sie an ihr Handgelenk. „Meine Uhr! Ich habe meine Uhr vergessen. Die hole ich aber bestimmt nicht! Komm Niki, wir fahren nach Hause."

Niki war glücklich, das Abenteuer überstanden zu haben, dennoch fiel es ihm schwer, sich auf den Heimweg zu machen. Diese vielen Erinnerungen!

Als sie den Rand des Tiergartens erreichten, blieben die Kinder stehen. Von hier aus konnten sie das Schloss und einen Teil der Vorburg sehen. Wie hatte sich das Bild in den letzten 400 Jahren verändert! Sie erkannten nur noch den hohen Schlossturm, zwei Schlossflügel und die Spitze des Sterndeuterturms. Langsam umrundeten sie den Schlossteich. Als sie auf den Schlossplatz einbogen, hielten sie erneut an. Keine Handwerker, kein Baumaterial, kein Hämmern und Rufen, das sie noch vor kurzem erlebt hatten. Touristen gingen über den Platz und fotografierten eifrig.

Niki schüttelte ungläubig den Kopf. „Es ist alles so verändert, Lisa. Ich kann das nicht glauben."

Vorsichtig fuhren sie über den Schlossplatz auf die Brücke und in die Freiheit. Wieder hielten sie an. Sie standen in einer gepflegten kleinen Straße. Kein stinkender Abfall, sondern Fachwerkhäuser mit Blumen in den Vorgärten, ein kleines Café, vor dem Leute Getränke genossen und immer wieder Touristen, die an der Vorburg vorbei schlenderten.

„Lass uns zur Zugbrücke fahren", sagte Niki und fuhr langsam weiter.

Aber eine Brücke, die unerbetene Besucher davon abhielt, die Freiheit zu betreten, konnten sie nicht entdecken. Auch das Torhaus stand nicht mehr.

„Mensch, Lisa, plötzlich kenne ich mich hier nicht mehr aus."

Auch Lisa schaute sich verwundert um. „400 Jahre, Niki, das ist so lange her.“ Ihre Stimme klang leise, ganz anders als sonst. „Da hat sich so viel verändert. Glaubst du, dass Elsken die Freiheit wiedererkennen würde?“

„Ich glaube schon“, meinte Niki. „Da sind die Vorburg und das Schloss. Aber es wäre für sie genauso fremd, ja, unglaublich, wie für uns. Erzählst du deinen Eltern, wo wir gewesen sind?“, fragte er plötzlich.

„Ich weiß es noch nicht. Was sie wohl sagen werden, wenn wir plötzlich wieder auftauchen? Sie haben uns bestimmt gesucht. Vielleicht haben sie die Polizei alarmiert!“

Niki nickte. „Auwei, daran habe ich noch nicht gedacht. Wir könnten Ärger bekommen, Lisa. Wenn meine Großeltern meine Eltern alarmiert haben, gibt es Stress bei uns. Ich weiß nur nicht, welche andere Geschichte ich ihnen erzählen könnte, die sie mir glauben. Aber unsere wahre Geschichte… Mensch, Lisa, was machen wir nur?“

Lisa sah ihn an und hob ratlos die Schultern hoch. „Puh! Ich weiß es auch nicht. Lass es uns schnell hinter uns bringen. Tschüss, Niki, wir reden morgen weiter.“ Lisa sah Niki lange an, grinste und hob eine Hand zum Abschied. „Mal hören, was sie sagen.“

Niki fuhr weiter zum Haus seiner Großeltern.

Als er die Terrasse betrat, deckte seine Großmutter den Tisch für das Abendbrot. Sie sah auf ihre Uhr. „Du kommst spät, Niki. Wir haben uns schon Sorgen gemacht. Das Mittagessen hast du jedenfalls verpasst“. Doch sie lächelte. „Lisa und du, ihr habt bestimmt viel Spaß gehabt.“

Niki schaute sie verblüfft an. Sie waren doch drei ganze Tage in der Vergangenheit gewesen! Unsicher sah er seine Oma an.

Beim Abendbrot war Niki still. Er konnte es sich nicht erklären. Er hatte drei Tage in der Freiheit im Dreißigjährigen Krieg erlebt und währenddessen war die Zeit in der Gegenwart viel langsamer vergangen. So langsam, dass seine Großeltern sich keine Sorgen gemacht hatten. Wie war das möglich? Er hatte plötzlich kaum noch Hunger. Die Gedanken schwirrten durch seinen Kopf. Sollte er seinen Großeltern von seinem Abenteuer erzählen? Er bemerkte, dass Opa ihn beobachtete. „Ist alles okay, Niki? Hast du keinen Appetit?“ Niki schüttelte den Kopf. Doch Opa lächelte. „Ich habe übrigens eine Überraschung für dich. Stell dir vor, ich habe den Schlüssel zum Sterndeuterturm bekommen. Na, hast du Lust, heute Abend einen kleinen Ausflug in die Höhe zu machen?“ Erwartungsvoll sah Opa ihn an.

„Das …“ Niki, wusste nicht, was er sagen sollte, „das wäre super! Ach, Opa, das wäre wirklich ganz toll!“

„Gut. Wenn es dunkel wird, geht es los.“

Niki freute sich. Endlich konnte er auf den Turm steigen. Er war zwar hundemüde, aber das wollte er sich nicht entgehen lassen. Schlagartig merkte er, dass er sehr hungrig war. Kein Brei und keine Suppe, sondern Brot, Wurst, Käse und Tomaten standen vor ihm. Er griff zu.

Niki konnte es kaum erwarten. Der Sterndeuterturm, das Verlies, Alexander! Die Zeit verging auf einmal viel zu langsam.

Endlich machten sie sich auf den Weg. Auf dem Schlosshof zog Opa einen großen Schlüssel aus der Tasche. Die Tür öffnete sich knarrend. Langsam betrat Niki den Turm. Aber was war das? Kein Gitter, kein Eingang zum Verlies! Doch die Treppe war noch die gleiche. Nur stufenweise, schwerfällig, folgte Niki Opa, der die Treppe energisch hochschritt.

„Niki, wo bleibst du?“, rief er. „Komm schon!“

Endlich auf dem Turm angekommen, sah Niki sich um. In diesem Raum war er noch nie gewesen. Opa war inzwischen auf einen kleinen Balkon getreten, der durch eine steinerne Balustrade geschützt um den Turm herumlief. Niki sah sich aufmerksam um. Wie weit er in die Umgebung der Freiheit blicken konnte. Hier also hatte Alexander nachts gesessen und die Sterne beobachtet.

Niki lächelte, als er an den Grafen dachte. „Sag mal Opa, was glaubst du? Kann man in den Sternen seine Zukunft erkennen?

Glaubst du, dass Horoskope Dinge erzählen, die in deinem Leben geschehen?"

Opa wiegte nachdenklich Kopf. „Wenn das so einfach wäre Niki. Schau, wenn wir in den Sternen unsere Lebensgeschichte wie in einem Buch lesen könnten, wäre unser Leben doch sehr langweilig. Wir könnten uns in eine Ecke setzen und einfach abwarten, denn was passieren soll, würde sich schon einstellen. Doch so einfach ist das Leben nicht, Niki. Aber es gibt viele Menschen, die glauben, dass Sterne und Planeten unser Leben beeinflussen. Für manche Menschen sind Horoskope eine Antwort auf die Fragen, die sie haben. Ich glaube, dass jeder von uns viel dazu tun kann, dass in seinem Leben das geschieht, was er sich wünscht. Aber das bedeutet auch, ja", er lächelte, „viel Anstrengung." Er strich Niki über den Kopf. „Du musst keine Angst davor haben. Du hast deine Eltern. Auch Oma und ich werden dir helfen, wenn etwas nicht so richtig klappt."

Niki sah in die Sterne. Tschüss, Alexander, dachte er. So schlimm, wie ich anfangs dachte, warst du nicht.

Wenn Opa Recht hatte, würde Vieles ein großes Rätsel bleiben, das er wohl niemals lösen konnte. Aber, erkannte Niki lächelnd, das machte das Leben ja erst spannend!

Und wer sagte denn, dass Niki nicht noch einmal ein so tolles Abenteuer erleben würde wie in der Freiheit im Jahr 1646!

Nachwort

Nun hast du gelesen, wie Niki und Lisa durch ein Loch in die Zeit des Dreißigjährigen Krieges gefallen sind. Ich hoffe, dir hat die Geschichte Spaß gemacht. Dieser Krieg begann 1618 und wurde erst 1648 durch einen Friedensvertrag beendet. Dreißig Jahre Krieg, stell dir das mal vor! Das ist so, als hätte der Krieg begonnen, als dein Papa oder deine Mama geboren wurde, und würde heute immer noch andauern. Aber das ist lange her, mehr als 400 Jahre. Augenzeugen, die uns vom Krieg berichten könnten, leben längst nicht mehr. Zum Glück wurden die Ereignisse in vielen Akten und Dokumenten, Briefen und Mitteilungen genau geschildert. Einige Menschen schrieben Tagebücher, die ihre Erlebnisse im Krieg beschreiben. Deshalb wissen wir genau, warum und wie der Krieg begann. Wir wissen, was geschehen ist und was die Menschen, die damals lebten, über den Krieg dachten.

Deutschland, das damals Deutsches Reich genannt wurde, bestand zu Beginn des Krieges aus vielen unabhängigen Ländern. Stell dir die deutsche Landkarte wie einen Flickenteppich vor, der aus kleinen und großen Flicken zusammengesetzt ist. An der Spitze des Reiches stand ein Kaiser. Er lebte in Wien, denn auch Österreich gehörte damals zum Deutschen Reich. Er kam aus der Familie der Habsburger, die in vielen Ländern Europas regierte. Aber jedes einzelne deutsche Land, auch die sehr kleinen, hatte außerdem einen eigenen Landesherrn. Das konnten Fürsten, Bischöfe und manchmal Reichsgrafen sein.

Lange Zeit waren alle Menschen im Deutschen Reich katholisch. Aber im Jahr 1517 sorgte ein Mönch namens Martin Luther für Aufruhr. Er kritisierte die katholische Kirche. Das löste die evangelische Reformationsbewegung aus. Ein schwieriges Wort, oder? Reformation bedeutet ‚Erneuerung'. Martin Luther war also nicht zufrieden mit der katholischen Kirche und wollte sie erneuern. So entstand die evangelische Kirche.

Nun nahmen einige Landesherren im Deutschen Reich den

evangelischen Glauben an, während andere katholisch blieben. Damals bestimmten die Landesherren, welchem Glauben ihre Untertanen angehörten. So waren beispielsweise die Menschen, die im Fürstbistum Münster lebten, katholisch, während die, die in der Landgrafschaft Hessen wohnten, evangelisch wurden. Der Kaiser in Wien, der oberste Herrscher über das Deutsche Reich, blieb katholisch.

Weil beide Seiten, Katholiken und Evangelische, die Vorherrschaft in Deutschland für sich beanspruchten, begannen sie sich 1618 zu bekämpfen. Als es aussah, als würde die katholische Seite gewinnen, mischten sich andere europäische Länder ein. Sie wurden von evangelischen Königen regiert. Deshalb schickte Dänemark 1625 seine Soldaten nach Deutschland und 1630 zogen die Schweden nach. Selbst das katholische Frankreich half der evangelischen Seite. Jetzt ging es nicht mehr um die Religion, sondern um Macht und Landgewinne. Diese Länder wollten selbst über Teile des Deutschen Reiches herrschen. Auf der anderen Seite half der spanische König, der ein Verwandter des Kaisers war, und schickte seine Soldaten zur Unterstützung der katholischen Länder.

Der Kaiser erkannte 1635, dass er die evangelische Seite nicht besiegen konnte. Daher schloss er mit einigen deutschen Fürsten Frieden. Aber Schweden und Frankreich und auch einzelne deutsche Länder führten den Krieg fort.

Die Soldaten, die damals in Deutschland kämpften, waren keine Angestellten eines Landesherren, sondern Söldner. In unserer Geschichte sind Henrich und Ortwin solche Söldner. Leute wie sie stritten nicht für ein Land, sondern für denjenigen, der sie dafür gut bezahlte. Das Geld, das sie für ihren Einsatz bekamen, nannte man Sold und die Empfänger daher Söldner. Konnte ein Feldherr die Söldner nicht mehr bezahlen, suchten sie sich einen anderen, von dem sie den Sold bekamen.

Wenn die Söldner durch eines der deutschen Länder zogen, mussten die Menschen, die dort lebten, sie versorgen. Oft konnten sie das nicht, weil ihnen alle Nahrungsmittel durch die Raubzüge anderer Söldner gestohlen worden waren. Auch Geld und andere wertvolle Dinge wurden geraubt. Bekamen die Söldner nicht, was sie verlangten, legten sie oft Feuer an die Häuser. Ganze Dörfer und Städte wurden so zerstört und die Menschen hatten große Angst vor den Söldnern.

Viele Menschen besaßen daher kein Zuhause, keine Lebensmittel, kein Saatgut oder Geld, um zu überleben. Je länger der Krieg dauerte, desto brutaler wurden die Menschen behandelt. Wenn sie sich in einer Stadt in Sicherheit bringen wollten, wurde diese oft auch erobert. Viele verhungerten, andere starben an Krankheiten wie der Pest. Besonders schlimm erging es den Menschen in der Mitte Deutschlands, aber auch im Osten und im Südwesten wütete der Krieg gnadenlos.

Schloss Raesfeld und seine Freiheit, in der Nikis, Lisas und Elskens Geschichte spielt, liegt im Westmünsterland. Das wurde von Fürstbischof Ferdinand regiert. Das Münsterland gehörte zur kaiserlichen, also der katholischen Seite. Nicht weit von Raesfeld, in Stadtlohn, fand 1623 ein großer Kampf statt, den die katholische Seite gewann.

Am Ende war jedoch keine Seite stark genug, um den Krieg zu gewinnen. Daher kamen 1641 Vertreter der kriegführenden Länder zusammen. Sie wollten über einen Frieden verhandeln. Man einigte sich auf zwei Städte, in denen sie sich beraten sollten, Münster und Osnabrück. Da diese Städte in Westfalen liegen, nannte man den 1648 geschlossenen Vertrag den ‚Westfälischen Frieden'. Darin wurde vereinbart, dass nicht weiter gekämpft werden sollte. Außerdem sollten die Religionen die gleichen Rechte haben. Endlich war der Krieg vorbei!

Alexander II. von Velen, den Niki und Lisa in unserer Geschichte kennenlernen, wurde 1599 in Raesfeld geboren. Sein Vater Alexander I. hatte das Schloss, das damals Burg genannt wurde, geerbt. Ein Teil des Gebäudes war schon sehr alt, es wurde bereits im Mittelalter gebaut.

Sein Sohn, Alexander II., wurde Soldat im Dreißigjährigen Krieg und später katholischer Heerführer des Kaisers. Er warb Söldner an und erhielt als Gegenleistung viel Geld, hohe Ämter und Macht. Er kämpfte für den Kaiser in der wichtigen Schlacht bei Stadtlohn und dann erst gegen die Dänen und schließlich gegen die Schweden. Später stritt er in Westfalen gegen die Hessen und hatte das Oberkommando über die katholischen Soldaten. Es gelang ihm, einige westfälische Städte zurückzuerobern, die von der evangelischen Seite eingenommen worden waren.

Im Laufe der Zeit hatte Alexander viele wichtige Ämter. Er wurde Generalfeldmarschall und Kriegshofrat. Nach 27 Jahren und vielen Kämpfen verließ er die Armee. Er war inzwischen sehr reich geworden.

Alexander beschloss, die alte Burg Raesfeld in ein prächtiges Wasserschloss umzubauen und zu erweitern. Das ist die Zeit, in der Niki und Lisa ihn treffen.

Da Alexander an Horoskope glaubte und die Sterne vom Turm der Vorburg aus beobachtete, wurde dieser später Sterndeuterturm genannt. Der Turm ist 28 Meter hoch. Etwa hundert Stufen führen hinauf. Der Schlossturm am Westflügel ist sogar fast 53 Meter hoch.

Heute kommen viele Touristen nach Raesfeld, die das Schloss ansehen und durch den Tiergarten spazieren möchten. Sie können sogar die Reste der alten Wassermühle besuchen, die für Nikis und Lisas Geschichte so wichtig ist.

Auch den Dämmerwald in der Gemeinde Schermbeck im Naturpark Hohe Mark, in dem Niki den Baum der Zeit findet, wird von vielen Menschen besucht. Ob die alte Eiche noch steht? Wer weiß …